人的脑洞
略大于
整个宇宙

[美]丹·刘易斯（Dan Lewis）著

陈亚萍 译

NOW
I KNOW

湖南科学技术出版社　博集天卷 CS-BOOKY

图书在版编目（CIP）数据

人的脑洞略大于整个宇宙 /（美）丹·刘易斯著；陈亚萍翻译 .
—长沙：湖南科学技术出版社，2017.1
ISBN 978–7–5357–9100–9

Ⅰ . ①人… Ⅱ . ①丹… ②陈… Ⅲ . ①科学知识—普及读物 Ⅳ . ①Z228

中国版本图书馆 CIP 数据核字（2016）第 242098 号

著作权合同登记号：图字18–2016–190

Now I Know by Dan Lewis
Copyright © 2014 by Dan Lewis.
All rights reserved.
Originally published by Adams Media, a division of F+W Media, Inc.
Interior illustrations © 123RF

上架建议：文化·百科

REN DE NAODONG LÜE DAYU ZHENGGE YUZHOU

人的脑洞略大于整个宇宙

著　　者：［美］丹·刘易斯
译　　者：陈亚萍
出 版 人：张旭东
责任编辑：林澧波
监　　制：蔡明菲　潘　良
特约策划：李　荡
特约编辑：董　俣　汪　璐
版权支持：辛　艳
营销编辑：李　群　张锦涵
封面设计：主语设计
版式设计：李　洁
出版发行：湖南科学技术出版社
　　　　　（湖南省长沙市湘雅路276号　邮编：410008）
网　　址：www.hnstp.com
印　　刷：河北鹏润印刷有限公司
经　　销：新华书店
开　　本：880mm × 1230mm　1/32
字　　数：150千字
印　　张：9
版　　次：2017年1月第1版
印　　次：2018年3月第2次印刷
书　　号：ISBN 978–7–5357–9100–9
定　　价：38.00元

若有质量问题，请致电质量监督电话：010–59096394
团购电话：010–59320018

目录

Contents

献给
斯蒂芬妮、伊桑、亚历克斯、安妮，
以及我的父母

有人说，真相往往比小说怪异。我不知道这是谁说的。不过，他说的没错——我们周围最惊人的现象都不是编造的，而是真实的。据说，马克·吐温有句话曾经给出了原因："小说必须遵照事情的可能性，但真相不必。"

三年多以来，我一直都在书写这些趣闻及其背后的故事。例如，人人都知道，航空公司偶尔会弄丢行李。但几个月后，等他们发现行李丢了，会怎么样？如果主人找不回行李，那么，行李去哪儿了？我们知道，人们登上了月球。可是，如果宇航员回不了家，该怎么办？他们留下的东西，比如美国国旗，会怎样？

在本书中，你会发现这些问题的答案。你还会发现，在世界上100件惊人的琐事背后，有着怎样的故事。每个条目包括事实描述、背景故事和延伸阅读三部分。我一直想找出它们相互之间的关系，把它们联系起来，却找不到合理的发展轨迹。你会从麦当劳（为什么不在那儿买个热狗？）快速转换到夏令时（还有南瓜……你就等着瞧吧！）。在十页书的范围内，我们一会儿看到历史上最奇怪的荷兰电视真人秀，一会儿又漫步到世界上最神奇的朝鲜交通信号灯前。我们就这样一起，从一件事跳跃到另一件事。在这中间，我们总能发现许多趣事。无论你落在何处，都有可能发现有趣的地方。（更多相关趣事，请浏览我的网站：**www.nowiknow.com**。在那里，你会找到大量随机事件及其背后的故事——你知不知道，亚伯拉罕·林肯被枪杀的那天，创建了美国特工处？）

　　每个故事都证明，真相远比小说要怪异。那时你就可以宣布，我现在明白了——这就等于成功了一半。那么，欢迎来到光怪陆离的世界。它不可能是编出来的世界。因为我们都知道，真的就是真的，真相不会说谎。

第 27 个字母：
为什么 & 读作 ampersand

英语中一共有 26 个字母。其中，A 和 I 既是字母，也是单词。不过，字母表中曾出现过 & 这个符号，甚至还衍生了对应单词 ampersand。

在公元前 7 世纪的早期罗马，随着其他字母的产生，ampersand 也产生了。当时，罗马人偶然把字母 E 和 T 写在一起，组成类似 & 的符号，意思跟 "and"（和）一样，用 "et" 来表示。这个符号被收入古英语，直到中世纪还在使用。后来，古英语被废弃，我们熟悉的现代英语形成时，& 还是 "字母表中的一员"。到 19 世纪中叶，一些地区和方言中还在使用这个符号。

不过，当时 & 不是读作 ampersand，而是直接读作 and——这样一来，背字母表就变得很尴尬。字典网（dictionary.com）说，如果读成 "X, Y, Z, and"，会觉得怪怪的。所以，人们没采用这种读法，而是发明了一种新读法—— "X, Y, and Z, and by itself, 'and'"（X、

Y 和 Z，单独一个 and）。不过，人们通常不喜欢用"by itself"（单独），而习惯用拉丁词"per se"。结果会怎样呢？读出来就是"And per se, and"。如果哪个学生不注意，就会连读成 ampersand。

所有人都在猜测，字母表里的 & 怎么不见了。原因很可能来自一首字母歌——这首歌我们几乎都知道，旋律类似于"一闪一闪亮晶晶"（改编自莫扎特的《妈妈，请听我说》）。而在字母歌诞生的 1835 年，& 已经开始失宠了。

延伸阅读 _____

古英语中出现了 ampersand，但还没出现 J、U、W 等现在常用的几个字母。到 16 世纪，J 和 U 才进入字母表（此前代替它们的分别是 I 和 V）。不久，U 又衍生出了字母 W。

_____

说脏话的机器人：
删掉超级电脑的"脏话包"

如果你喜欢《危险边缘》[①]，尤其是看过 2004 年的节目，那么，你有 50% 的可能性在电视上见过肯·詹宁斯。詹宁斯是一位来自美国犹他州的软件工程师。当年，他历时 182 天，连续获得了 74 场胜利（受到周末停播、夏季停播一周，以及其他赛事节目和专题节目的影响，这个节目不是每天都播）。74 场胜利和一个决赛第二的好成绩，为他带来了超过 250 万美元的奖金。

到目前为止，在《危险边缘》的后续比赛中，詹宁斯又赚了 80 万美元。2005 年，他回到《危险边缘》终极挑战赛的舞台，与过去 20 年间的 145 位大赢家同台竞技。詹宁斯获得第二名，赢了 50 万美元。2011 年 2 月，他又携手终极赛冠军布拉德·鲁特，一

---

① 《危险边缘》是美国哥伦比亚广播公司的一档益智问答游戏节目，已有数十年历史。该节目的比赛以一种独特的问答形式进行。又译《危险》。

起对战 IBM 工程师设计的电脑"沃森"。

沃森打败了两位人类冠军，赢得的 100 万美元，捐给了两个慈善机构。詹宁斯获得 30 万美元，鲁特赢得 20 万美元。（两人都把一半奖金捐给了慈善机构。）编程团队为沃森的数据库添加了两亿多页数据信息，信息来源包括维基百科、新闻报道、字典、辞典等。沃森的确打败了詹宁斯和鲁特，不过，设计团队意识到，沃森身上还有一个缺陷——它听不太懂俚语，分不清英语语言的细微差别。于是，在《危险边缘》开播前夕，沃森团队又增加了一个数据库——来自城市词典网站（Urban Dictionary）的俚语和缩略语词条。

城市词典创建于 1999 年。许多流行单词和短语在常规词典里都查不到。至少，许多词都没被韦氏词典和牛津词典收录。针对这些单词和短语，城市词典鼓励用户提出建议和投票。几年来，越来越多的正式语境开始接受城市词典。例如，根据档案解密网站烟枪网（Smokinggun）的报道，一名嫌疑人在脸书（Facebook）上发状态说，他"收拾"（murk）了一个人。审理此案时，联邦检察官就引用了城市词典的解释（在城市词典中，murk 是指"对某人进行严重的身体侵害，直至其伤势过重死亡"）。但是，城市词典也收录了一些粗俗用语。要是你不理解这些词的含义，就不要在某些场合随意使用。

沃森就缺乏这种理解能力。据《财富》杂志报道，《危险边缘》的电脑冠军"无法区分礼貌用语和脏话"。它为编程研究团队纠错时，甚至也会说一些蠢话。研究人员对沃森的程序进行了脏话过滤。可惜，由于城市词典的条目繁多，这个方法也不管用。

研究人员没有办法——他们不想造出一个满口脏话的智能机

器人——只好把城市词典从沃森的数据库中移除。

延伸阅读 _____

　　肯·詹宁斯的答题神话还没开始，就差一点泡汤。在他参加的第一期节目中，最后一个问题是"她是唯一一位在同一届奥运会中，获得五个不同项目奖牌的女田径运动员"（《危险边缘》称之为"题目"）。詹宁斯以第一名的成绩，带着2万美元闯入《危险边缘》决赛。第二名茱莉亚·拉扎勒斯坐拥1.86万美元，下注花了3799美元，手里剩下1.48万美元。可她答得不对，答成了"盖尔"。（后来，她告诉主持人埃里克斯·崔柏，她根本不知道正确答案。）詹宁斯当时下注17201美元。也就是说，他答对了就获胜，答错了就得垫底走人。他的回答是"琼斯"——有点模棱两可的答案。崔柏立即表示，裁判们"应该接受这个答案，因为女运动员本来就不多"（应该是哪个琼斯呢？标准答案是马里昂·琼斯[①]）。

_____

① 美国著名田径明星，2000年悉尼奥运会女子100米、200米、4x400米接力冠军，女子跳远、4x100米接力第三名。

"噢，我的天哪，首相"
——OMG 的来源

21 岁以下的人都知道，OMG 代表"啊，我的天哪！"（这一点，其实人人都知道）。这个缩写词通常是发短信用的。但是，在手机普遍出现的时代之前，它已经出现了。事实上，早在电话时代前（这里指移动电话或其他电话），它就已经出现了。

《牛津英语词典》（以下简称《牛津》）一直是决定英语语言收录什么、不收录什么的标准。其他词典往往遵从收录长期存在的词汇的原则，与众不同的是，《牛津》还要适应时下的词汇。于是，当词汇和相似术语变成我们的共同用语时，《牛津》的编辑就可能会添加这些词条。2011 年 3 月，"OMG"就成为被添加的词条之一。一起收录的还有"muffin top"（穿紧身裤时会出现的腰部赘肉）和"LOL"（大声笑）。

但是，《牛津》不仅仅是定义一个词，还会试图追寻词源。有时候，它当然也找不到来源。比如说，"rubber game"这个用法，是指桥牌比赛或棒球系列赛的决胜局。这个术语即便没有几个世纪，也有几十年的历史了。但是，没人知道它的词源——至少，《牛津》找不到了解的人。

相反，OMG 的首次使用却是非常出名的。20 世纪 90 年代中期，互联网开始普及时，它并没有出现。甚至 20 世纪 80 年代，当 Prodigy 和 Compuserve 等服务机构主宰早期的数字通信空间时，它也没有出现。而 OMG 这个词的使用却可以追溯到 1917 年。奇怪的是，它还与温斯顿·丘吉尔有关。丘吉尔是当时英国议会的成员，当然，也是英国日后的首相。那一年，英国海军上将约翰·阿巴斯诺特·费舍尔刚刚退休。他给丘吉尔写信，说了有关王位继承的传闻。按照《牛津》的解释，他当时写道："我听说，有关骑士新秩序的讨论正在进行中——O.M.G.（Oh My God！）——正在海军部热烈讨论呢！"

《牛津》没提丘吉尔的回复，也没有解释为什么费舍尔上将用了缩略词后，还要写全词意。相反，《牛津》还介绍了已知第二早的使用来历——1994 年，一个有关肥皂剧的线上新闻组也用了这个词。作者只是问组里的其他成员："OMG，我说了什么？"

延伸阅读 _____

1943 年 6 月 1 日，演员莱斯利·霍华德去世。他最出名的角色是《乱世佳人》中的艾希礼·威尔克斯。他乘坐的飞机遭纳粹德军炮火射击，霍华德和十几位乘客去世。（英国认为这条线路不属于战区，德国人显然不认同。）但是，根据一个广为人知的说法，这位演员的死亡并不是偶然。按照这个说法，德国人瞄准这架飞机是因为：他们以为，当时身在阿尔及尔，希望回到英国的温斯顿·丘吉尔就在飞机上。当然，他不在。

————

少校死亡的骗局：
与纳粹做斗争的"死人"

在第二次世界大战期间，英国政府严格封锁有关死亡人数的信息——借助死亡人身份、死亡时间和死亡地址等细节，纳粹和其他轴心国可以获得秘密信息，威胁英国和全球同盟国的抗战活动。与此同时，英国政府又觉得，必须与本国公民沟通战况。两种愿望显然是相互矛盾的。这时，英国政府想了个折中的办法：在报纸上刊登讣告。

虽然登讣告也存在上述风险，却也能好好利用。1943 年 6 月 4 日，《泰晤士报》刊登了三位官员和男演员莱斯利·霍华德的讣告。其中一位官员是英国皇家海军陆战队的成员——威廉·马丁少校。他在当年的 4 月末溺水身亡。

马丁少校其实没有死。他不可能死——世上根本就没这个人。

1942 年年末，战争全面开展时，同盟国的主要军事目标之一就是控制地中海。而由于同盟国在北非的最终胜利，这个目标变得更加切实可行。不过，占领其他地点会更有利。比如说，西西里就是一个关键岛屿。据报道，温斯顿·丘吉尔曾评论说，"连傻瓜都知道"，西西里必然是同盟国的下一个目标。

于是，英国决定把希特勒当傻瓜耍一回。这个计划就是"肉馅行动"（Operation Mincemeat）。推出这个计划，部分是受到伊恩·弗莱明备忘录的启发。后来，伊恩·弗莱明还创作了小说《詹姆斯·邦德》。"肉馅行动"的中心思想，是在西班牙海岸释放一些假情报，挑拨西班牙和纳粹情报部门的关系。假情报是通过两份文件传播出去的。文件主要内容是，同盟国假装袭击西西里岛，其实是计划入侵希腊、撒丁岛和科西嘉岛。为了让文件落入西班牙人手里，最终转交给德国人，英国情报部门军情五处杜撰了一位马丁少校。更详细点说，就是他们往海里扔了一具尸体，尸体穿着少校衣服，随身带着两份文件。

1943 年 1 月，有一位 34 岁的威尔士流浪汉，因为误食老鼠药，死于肝功能衰竭。他的名字叫格林杜尔·迈克尔。他的死亡难以确认，其父母早已去世。于是，英国情报部门就选了他这位可靠的替身，将其伪装成皇家海军陆战队的少校。迈克尔的尸体被伪装成符合马丁军衔和身材的样子，甚至换上了优质内衣裤（当时优质内衣裤都是限量供应的，不过皇家海军陆战队的少校当然能穿上）。

情报机关还为他编了一个背景，包括一位叫帕姆的未婚妻、帕姆写给他的情书、一家伦敦公司的订婚戒指收据（日期是 1943 年 4 月 19 日）和一张帕姆的照片（其实是军情五处一名职员的照片）。

为了完成计划，他们还给马丁少校准备了一张伦敦剧院的票根，日期是 4 月 24 日——为了显示他的粗心，还有一张标记了"替换"字样的身份证，全都放在一个公文包里。同时，里面还有两份地中海战略计划，一份是针对英国军队的，另一份准备转交给美军指挥官。放第二份计划，只是为了营造公文包经常使用的假象。

　　尸体被放进一艘英国潜艇里，潜艇在 4 月 30 日浮出海面。当天，"少校"的尸体被扔进水里，军大衣搭环上绑着公文包。尸体按计划被冲到了岸上。西班牙医学侦探给出的官方死因是"溺水身亡"。并且，由于马丁的随身物品表明，他是位罗马天主教徒，所以审查人拒绝进行尸检。尽管英国人一直"努力"追回文件，但过了没几天，文件就被交到了德国人手里。5 月 13 日，西班牙人把尸体还给英国妥善安葬。很显然，公文包被人打开过，文件内容也被重新编辑过。

　　马丁这个伪装身份骗过了德国人。他们"确定"，马丁当时在英国到直布罗陀①的飞机上，准备传递这些敏感文件——6 月 4 日，《泰晤士报》上的讣告更是进一步的印证。德国领导层调整了防御措施，以巩固在希腊、撒丁岛和科西嘉岛的地位。这样一来，西西里岛大部分地区就成了薄弱环节。7 月 9 日，同盟国军队袭击西西里岛时，纳粹还以为，就像文件上说的一样，那只是一场假装的进攻。等到 7 月 12 日，德国人加强防御时，一切都太晚了。大约两周后，轴心国开始从岛上撤退。

---

① 直布罗陀，位于西班牙南端附近狭窄海角上，包括港口和要塞，英国直辖殖民地，首府直布罗陀城。

延伸阅读 _____

　　著名棒球教练比利·马丁（Billy Martin）的原名不是威廉·马丁，而是小阿尔弗雷德·曼纽尔·马丁。但是，在比利小时候，父亲老阿尔弗雷德突然不见了。几乎就在同时，比利的外婆开始叫他"贝罗"（Bello）——意大利语中的"美丽"，比利的妈妈琼给他取了"比利"这个昵称。由于琼讨厌前夫，就没把比利的真名告诉他。根据维基百科的说法，比利上学后，才知道自己的真名。老师叫他"阿尔弗雷德·马丁"时，比利根本就没答应，还以为是在叫别人。

_____

蝙蝠炸弹：
一场非常规战争中的蝙蝠武器

在第二次世界大战末，美国显然认为日本不可能投降，于是便向广岛和长崎投放了原子弹。直到四个月后，许多人还在因烧伤和放射伤害而死亡。如果把这些都算进来，两场爆炸造成的死亡人数高达 25 万。有关原子弹制造的研究始于 1939 年。1942 年6 月，美国开始实施"曼哈顿计划"，专注发展原子弹技术。但是，到了 1943 年 3 月，美国开始研究另一种武器，它可能造成成千上万条生命的消亡。

只不过，准确点说，几百万只蝙蝠也要因此陪葬。

20 世纪 40 年代中期，日本还有许多木质和纸质结构的建筑，自然很容易燃烧。如果美国陆军设法点燃多座建筑，让火势大面积蔓延，就能重创日本的基础设施和经济。同时，又不会造成很多人员伤亡。但是，这似乎是不可能的。凝固汽油虽然可以把四周引燃，但却不会蔓延。而如果用许多小弹头进行地毯式轰炸，可以扩大袭击面积，但很可能无法带来一片火海的情形。并且，两种方法造成的人员伤亡会很大。

但就在曼哈顿计划开始几个月前，一位名叫莱特尔·亚当斯的牙医想了个主意——利用飞行的夜行动物蝙蝠。他后来告诉《空军杂志》(*Air Force Magazine*)，他看到，在新墨西哥州的卡尔斯巴德峡谷，有几百万只蝙蝠在洞穴周围盘旋。于是，他立马想到，可以用蝙蝠在日本散播燃烧弹。他捉了几只蝙蝠研究后发现，体重不足一磅的小蝙蝠，能搬动自身体重三倍的炸药。他把计划推荐给美国军方（在当时，这也不是什么稀罕事），高级军官同意研究一下。

亚当斯的理论直截了当。抓来一百万只蝙蝠，趁蝙蝠冬眠时，在它们背部绑上计时燃烧装置。每绑好一千只蝙蝠，就装进一个炸弹，让炸弹在高空爆炸。然后，选一个夜晚，飞过日本上空，扔下炸弹，让蝙蝠四处飞散。黎明到来时，一切都会按计划进行。蝙蝠会藏在暗处——它们喜欢的地方，常常是阁楼之类的地方。不用说，随着计时器的嘀嗒声，过不了多久，几十万座日本建筑都会付之一炬。

很快，这个想法就不再是纸上谈兵。到 1943 年 3 月，美国军方收集了相当数量的蝙蝠，放在得克萨斯州的许多洞穴里。洞穴里住着数以百万计的飞行动物。在接下来的一年左右，美军投入 200 万美元（相当于今天的 2500 万美元），验证了亚当斯的理论。只是，唯一要注意的问题是——某些蝙蝠有时候会逃脱，给军事基地造成大火。除此之外，美国军方认为，现实中是可以用蝙蝠炸弹的。一项报告指出，根据起火次数计算，蝙蝠炸弹的效果是传统燃烧装置的 10 倍到 30 倍。

但是，1944 年年中，有关蝙蝠炸弹的最终报告出来了。虽然结果比较理想，但报告也指出，还要再等一年，蝙蝠炸弹才能投入战争。由于研究进程缓慢，计划还没完全实施，军方就取消了计划。

延伸阅读 _____

蝙蝠的食物之一是昆虫，包括携带疟疾的蚊子。20 世纪 20 年代，一位叫查尔斯·坎贝尔的研究者提议，修建一些"蝙蝠塔"，让蝙蝠白天栖息，夜里尽情享用蚊子。在佛罗里达大学，现在仍有一间蝙蝠塔正在使用。不过，名气最大的，也许要算佛罗里达群岛的舒格洛夫岛蝙蝠塔了。1928 年，一位名叫理查德·珀奇的捕鱼小屋主人大张旗鼓地修建了舒格洛夫塔。同时，也带来了一个大麻烦。据阿特拉斯奇妙之旅网站（Atlas Obscura）的报道，珀奇把蝙蝠放进塔里后，它们就飞出去捕捉虫子了——再也没有回来。

_____

打败炸弹:
广岛长崎爆炸中的幸存者

　　29 岁的山口疆正在日本广岛出差。在他正准备回家时，发现签署文件的个人印章落在了办公室。他的回程就被耽搁了。美国派出"艾诺拉·盖"号轰炸机，向广岛投放了一颗原子弹，爆炸中心距离山口疆所在的地方不到两英里①。将近 14 万人死于爆炸，山口疆却幸存了下来。在爆炸的巨大冲力下，山口疆摔倒在地，永远失去了左耳听力，暂时失去了视力，身体部分出现严重灼伤。不过，他找地方躲了起来，第二天回到家乡接受救治。

　　两天后，左耳失聪的山口疆缠着绷带，回到了工作岗位上。他正跟一位主管讲述广岛爆炸的情景。突然，几天前的画面再次上演了。但是，这不是他的回忆。在长崎工作的他，再次遭遇了原子弹爆炸，而他距离爆炸中心依然不到两英里。

　　他再次幸存了下来，没有出现新的伤口。只不过，他在第一

①　1 英里 = 1.609 344 公里。

次爆炸后绑的绷带坏了，整个人也开始发烧。

山口是日本政府认可的唯一一位"双重爆炸幸存者"——这个词是指原子弹爆炸的幸存者（"爆炸幸存者"可以享受政府的特殊援助）。两场爆炸加起来，一共有 100～300 名幸存者。不过，到目前为止，只有山口获得了这个称号。

经过爆炸和辐射后，他的健康状况变得时好时坏。他年轻时，大多数时间都缠着绷带。前文说过，他左耳失聪，此外他的脑袋也秃顶了。他的儿女认为，辐射带来的健康问题也遗传给了自己。不过，经过很长一段的恢复期后，山口再次回归工作，恢复了相对正常的生活状态——并且，他也算长寿。2010 年 1 月去世时他已近 94 岁高龄。

延伸阅读＿＿＿＿＿

　　有人说，山口能在两场爆炸中幸存，算是世上最幸运的人了。如果这么说，凯瑟琳·卡罗娜又该算什么？ 1997 年，纽约市举办梅西感恩节大游行时，一只"魔法灵猫"①的气球从人手中挣脱，撞上了路灯柱。根据《纽约时报》的一篇分析文章，路灯柱砸中了卡罗娜的脑袋，让她昏迷了将近一个月。九年后，纽约洋基队投手科里·利德尔驾驶飞机，撞上了美国东河海岸的一座大楼，他和飞行教官当场死亡。飞机的引擎落到了一座公寓上——公寓的主人正是凯瑟琳·卡罗娜。她这一次正好没在家，所以没有受伤。不过，公寓卧室却被随后的大火烧毁了。

────────

　　① 魔法灵猫，源于苏斯博士 1957 年出版的童书《魔法灵猫》（Cat in the Hat）。

打破中奖概率：
数学高手是如何玩转彩票的

有一个流传很久的笑话说，彩票就是对数学不好的人征税。但是，有时候，我们看到的情况恰好相反——数学很好的人不仅也玩彩票，还会赚得盆满钵盈。

在美国马萨诸塞州，有一种比较常见的彩票玩法，叫金胜彩（Cash WinFall）。它是一种 6/46 型彩票，即从 1 到 46 中选择 6 个数字组合。买对两位数（获得一张免费彩票）、三位数（奖金 5 美元）、四位数（奖金 150 美元）、五位数（奖金 4000 美元）即为中奖——总体算下来，一个人的中奖概率高于七分之一。金胜彩每周开奖两次（周一和周四），每张彩票 2 美元。头奖金额从 50 万美元起算——在该彩票历史上，只有一次被人领走。如果 50 万美元的头奖未开出，就累积到下一期，到 200 万美元就清零。

马萨诸塞州平均每年能从中收益 1000 多万美元。据《波士顿环球报》的报道，一年总有几次，会出现一群暴发户。但是具体细节总有些模糊，因为获奖者通常避而不谈。不过，大概情况是这样的。

当头奖超过 200 万美元，却没人领奖时，后续开奖就会重置为 50 万美元。不过，马萨诸塞州没有直接拿走超出的 150 万美元（或更多），把 200 万美元变成 50 万美元。相反，他们把超出的奖金转给了二等奖。在"转换"期，根据超出的奖金额度和转换期开奖前的彩票销量，二等奖奖金会高得吓人。而且，现实中已经应验了。

就拿截至 2011 年 7 月 14 日的彩票花费来说吧。头奖将近 190 万美元，但彩票销量相对较少。因此，所有的二等奖金额都大大提升了。比如说，原来六个中奖号码，你买对三个可以中 5 美元，但这次可以中 26 美元。买对四个号码，中奖金额就从原来的 150 美元，增加到 802 美元。买对五个号码，中奖金额就从原来的 4000 美元，变成 19 507 美元。（从历史的角度看，这还是一个奖金"转换"后开出的零头。有一次，有人买对五个号码后，中了 10 万多美元。）

假设每张彩票 2 美元，你花 10 万美元，就可以买 5 万张彩票。买对四个号码的概率大约为八百分之一，只凭这个中奖概率，大概就能实现不赔不赚。你买中三个号码或六个号码的机会是 1000 次——相当于 2.6 万美元。而且，你可能会买中五个号码，得一两次"小头奖"，再赚 2.5 万到 10 万美元——没错，你已经捞回了 10 万美元的本钱。有些人完全就是这么做的。一项统计结果表明，同样用 10 万美元买彩票，最差也能保证不赔不赚（除非有人中了 200 多万美元的大奖。这样的话，就没有超出的奖金"转换"收益了）。在西密歇根外，塞尔比夫妇运营着一家博彩投资公司。在 7 月 14

日开奖前，他们买了 30 多万美元的金胜彩。这已经不是塞尔比夫妇第一次利用奖金"转换"的漏洞了：到目前为止，他们已经赚了 100 多万美元的奖金。

　　为了防止有人滥用漏洞，彩票运营方采取了一些措施。比如说，限制每人每次购买的彩票数量。（无论如何，媒体曝光时也要处理好。）

延伸阅读 ————————

　　1999 年，一位名叫杰西·莱昂纳多的纽约人靠打零工、给人刷墙和擦窗户勉强度日。不过，他有时也会碰碰运气——不是买彩票，而是赌马。他会去纽约市赛马场外的投注站，赌上一两局。一天晚上，他像往常很多个夜晚一样，扔掉了没中的赌票。但是，当晚，过了没多久，比赛结果纠正了一次，他有一张赌票中了 900 美元。不幸的是，赌票已经被扔进垃圾堆了，而没有赌票就拿不到奖金。当晚，在投注站经理的许可下，他开始翻找几百张扔掉的赌票。虽然莱昂纳多没找到自己的赌票，却找到另外两张票，总共中了 2000 美元。在接下来的十年里，他开始把翻找赌票当正事干。他平均每年可以从中获利 4 万到 5 万美元。（莱昂纳多就这么一直做着，直到 2010 年年底，纽约关闭了赛马场外投注。）

点石成金：
如何赢在赛场

在《爱到房倒屋塌》（*Bringing Down the House*）一书中，作者本·莫兹里奇详述了一群21点玩家的故事。来自麻省理工学院的许多玩家，通过精巧设计，从赌场赢了几百万美元。这支队伍的成员必须具备高超的数学技能。他们追求更多的是规避赌场规则，而不是利用21点本身的游戏规则。可以说，这本书完美地诠释了赌场怎样通过钻空子严控赌局，不让玩家赢。

但是，人们并没有因此放弃尝试——而且，有时候他们还会成功。

20世纪70年代，赌徒巴尼·科里熟悉北爱尔兰和爱尔兰岛的赌场圈子。他设计了一个赢钱计划，不仅赢了钱，还逼得爱尔兰赌场老板改变了规则。这一切都是因为，他发现，有个爱尔兰赛马场只有一条电话线，通向一个公共的付费电话。

科里养了一匹马，名叫"黄山姆"。科里叫驯马师让它参加一场比赛,跑道位于都柏林往北45分钟车程的贝鲁斯敦(Bellewstown)。参加这场比赛的通常都是业余骑手。这就意味着,黄山姆很有可能获胜。

但是,黄山姆真正赢的不是比赛奖金。科里找人押自己的马赢,这样赚的钱要多得多,尤其是在赌马经纪人认定黄山姆会失败时。科里的计划让这一切都发生了。在贝鲁斯敦比赛前,黄山姆先参加了几场比赛,全都表现很差,成绩不好。这种舍车保帅的策略奏效了。这匹马获得了速度慢、竞争力差的名声。当黄山姆参加贝鲁斯敦的比赛时,开场就是20∶1的失败赔率。

在这样的赔率下,黄山姆就被定义为让步赛中的劣等马①。这也并不稀奇。赔率制定人员有一个长期的说明系统。随着赌局的开始,赔率制定人员会调整赔率,以反映投注活动。所以,任何体育赛事的赔率都会随着时间改变。大多数博彩公司都不接受陌生赌徒的巨大投注,更别说是来自科里这样的知名内行了。他要想办法发起许多小投注,不让跑道边的赔率指定人员发觉——所以,他选择了贝鲁斯敦。结果,那台唯一的付费电话就成为操控整场比赛的关键。

比赛日定在1975年6月26日。科里发动了所有的亲友,甚至雇用别人,把他毕生的积蓄——大约1.5万爱尔兰镑——都分配给自己人。他每人给50镑到300镑,还有一个装着说明的密封信封。科里派他们去各自当地的投注站,让他们开赛前都押黄山姆赢。

这些场外“同伙”不知道的是——15分钟前,科里的另一位朋友伪造了一场家庭紧急事件。这位叫本尼·奥汉隆的朋友走进

① 让步赛,主裁判依靠自己的判断为每匹赛马分配载重,优等赛马比劣等马负重稍大些。

公用电话亭，假装打给他"奄奄一息的婶婶"，给她的最后时刻带来安慰。谁都不想强迫奥汉隆挂电话。因此，场外投注站也就没能调整赔率。比赛开始时，黄山姆还是 20 : 1 的失败赔率，最后当然是赢了。科里以 1.5 万英镑的投资，获得了 30 万英镑的回报。排除通货膨胀和汇率影响，这相当于 2013 年早期的 225 万美元。

他们虽然使用了暗箱操作，却是完全合法的。所以，博彩公司必须支付科里奖金。他们相当于投资了 1 镑零钱，就把 100 多只麻袋装满了钱。为防止其他人将来也滥用这个漏洞，现在，如果押注超过 100 镑，至少要在比赛开始前 30 分钟完成。

延伸阅读 ＿＿＿＿＿

法国作家、哲学家伏尔泰非常富有——他获取财富的方式，也与科里类似。从 1728 年到 1730 年，法国政府发行了一种彩票，用来筹集资金。当时 35 岁左右的伏尔泰和一位同事意识到，政府犯了一个错误——奖池大于购买所有彩票的总款。于是，两人决定拼命买彩票。伏尔泰冒着风险赚了大约 100 万法郎。

＿＿＿＿＿

**马的天堂：
塞布尔岛**

从加拿大新斯科舍省哈利法克斯市往东南走 150 英里，你会到达一个地方：塞布尔岛。途中可能看不到渐渐出现的小岛——塞布尔岛大致位于北美大陆架上，处在北大西洋边缘，是一个树木稀少的新月形小沙洲。它最宽的地方还不到 1 英里，面积只有13 平方英里。1920 年以后，那里就不再有新生人口。除了偶尔会有几个研究人员外，也没有谁住在那里。

除非，你想把那几百匹马也算进来。

塞布尔岛上栖息着 350 ~ 400 匹结实的小矮马。在这个条件恶劣的"故乡"，它们却一代代地茁壮成长。它们是一群没有主人的野马——在小岛上自由地驰骋。

它们怎么到了那里？许多人都认为，这群马的祖先是因为沉船事件被困在岛上的（历史上，塞布尔岛经常造成这样的灾难）。

不过，实际情况并非如此。在法国 - 印第安人战争①期间，英国从加拿大驱逐了成千上万名法国移民，即阿卡迪亚人，还剥夺了他们的财产。一位名叫托马斯·汉考克（他是著名美国爱国者约翰·汉考克②的叔叔）的商人受雇协助这次强制搬迁。汉考克从搬迁的阿卡迪亚人手中获得一些马匹，亲自转移到了塞布尔岛。至于他这么做的原因，现在还不清楚。

今天，这种马被称为塞布尔岛矮马。不过，这个名字取得不合适，因为它们不是真正意义上的矮马。之所以叫它们矮马，是因为它们比大多数马匹都小。绝大多数塞布尔岛矮马都住在这座岛上。只有新斯科舍省的苏贝纳卡迪野生动物园也有这种马。加拿大政府为了保护物种，往那里迁移了一些。不过，现在大概就没必要了。塞布尔岛已经处于加拿大法律保护之下。根据加拿大法律规定，这群马可以不受人为干涉地居住在塞布尔岛上。

延伸阅读 _____

阿卡迪亚人被放逐到许多不同的地方——有些去了新世界③的其他殖民地，有些去了英格兰，还有些去了法国。后来，被送回法国的一群人又回到了新世界，在当时的西班牙殖民地路易斯

---

① 法国 - 印第安人战争，指 1754—1760 年间，在北美大陆进行的法英战争，以法国失败而告终，英国获得法属北美殖民地。
② 约翰·汉考克（1737—1793），美国革命家、政治家，富商出身，是独立宣言的第一个签署人。
③ 新世界，指西半球或南、北美洲及其附近岛屿。

安那州定居。在那里，这些阿卡迪亚人复兴了自己的文化，一直延续到今天。但是，这种文化不叫"阿卡迪亚文化"（Acadian）。随着时间的推移，我们开始根据类似的音节，把它称为"卡真人文化"（Cajun）。

钱坑：
新斯科舍省的宝藏

　　所谓的宝藏故事，就是我们中的一个人拿着铁锹和藏宝图，偶然发现未知的宝藏，完成一场奇幻之旅。加拿大新斯科舍省的橡树岛被称为"钱坑"之乡。这里可能就埋藏着一些宝藏。

　　18世纪末，一位16岁的少年发现了这座深度超过90英尺[①]、埋藏着人造物品的钱坑。想再深入探索就不容易了。塌方和洪水已经造成六人死亡。（有人认为，这是因为埋藏物品的主人设定了许多陷阱。）我们不知道里面是什么，但我们知道，里面一定有东西。而几乎所有人都认为，东西不应该出现在那里。

　　不过，就像大多数宝藏传奇一样，钱坑无疑是个神话。有一种流行的理论认为，钱坑是自然形成的落水洞，在某一刻吞噬了该地区的一些工具和其他材料。这就解释了为什么深坑里会埋着人造物件。可能钱坑的许多探索者都会判断失误，但总有一位权

　　| ① 1 英尺 =0.304 8 米。

威可能找对地方。据说，1909 年，富兰克林·德拉诺·罗斯福曾试图找到钱坑里的宝藏（有一张照片拍的就是他和某个朋友在挖掘洞穴的现场）。罗斯福和此后的其他人一样，都是空手而归。

有些人相信，在深不可测的坑底埋着宝藏。他们引用了许多故事和理论。据说，在八九十英尺深的地方，放着一块巨石，上面刻着标志，被破译为财富的预言："往下 40 英尺，埋着 200 万英镑。"但是，人们最后一次看到那块石头是在 1912 年，现在什么图像资料都没留下来。它也许存在，也许是个传说。如果这是真的，就会引出一个不可思议的问题——坑底到底埋藏着什么？有些人认为，那是海盗留下的宝藏。其他人认为，在美国独立战争后，西班牙无敌舰队的船员或者英国部队把贵重物品扔在了那里。还有一种理论认为，在七年战争①结束时，法国军队把（新斯科舍省）路易斯堡堡垒的金币转移到了那里。

没人敢肯定坑里藏着什么。而且，在未来的几十年间，这桩悬案可能依然没有答案。目前，橡树岛变成了私有财产。未来还会不会进一步探索钱坑，就要看岛主人会不会一时兴起了。不过，对于未来的探险活动，岛主人似乎没有一点兴趣。

① 七年战争（1756—1763）是欧洲两大军事集团即英国 – 普鲁士同盟与法国 – 奥地利 – 俄国同盟之间，为争夺殖民地和霸权进行的一场大规模战争。

延伸阅读 _____

　　哪里最有可能找到海盗埋下的宝藏？纽约州的长岛。人们普遍认为，1701 年，苏格兰水手威廉·基德埋藏了一些抢来的东西，以防自己受到审判。这个伎俩显然失败了。我们可以肯定，他在长岛东岸外的小岛——加德纳斯岛上埋了一些宝藏。因为，这些宝藏被挖出来，变成了审判他的罪证。

　　　　　　　　　　　　　　　　　　　_____

哈利法克斯灾难：
人为造成的最严重意外爆炸

1917 年 12 月 6 日，一场爆炸突袭了加拿大新斯科舍省的哈利法克斯，造成 2000 人死亡，9000 人受伤。但是，造成这场大灾难的不是自然因素，而是人为因素。

当天上午 8：45，一艘空着的挪威客货船"艾莫"号撞上了法国"勃朗峰"号。"勃朗峰"号装满了整船的军火，用来支持法国参加第一次世界大战。这艘船一下子就着火了。尽管船员把"勃朗峰"号安全送到了岸边，但可能受到语言障碍的影响——船员讲法语、哈利法克斯当地人讲英语——岸上的人没有收到任何有效的警告。20 分钟后，在成百上千名围观者面前，"勃朗峰"号上的军火被引燃了，整艘船突然爆炸了。

爆炸的强度相当于广岛原子弹爆炸的七分之一到五分之一。"勃朗峰"号瞬间"蒸发"，蹿起一英里多高的火苗。爆炸区周围大约一平方英里的土地被毁，不再适合人类居住。爆炸中心 10

英里外的建筑出现结构性损坏，75 英里外的区域出现了类似地震的晃动。往北 100 多英里、往西 200 英里范围内都能听到爆炸声。爆炸的威力之大，造成一根半吨重的锚杆飞向空中，落在距离爆炸现场超过两英里的区域。（现在，掉落地点附近的一个博物馆里，还保留着锚杆碎片。）

爆炸的后果也很严重。爆炸引发了一场海啸，给滨海区带来 60 英尺高的巨浪。爆炸后，还造成了长达 10 分钟的乌黑的"雨水"，幸存者头顶都飞着瓦砾碎片。加拿大军方损失了一座重要建筑——加拿大皇家海军学院，该建筑在爆炸中被毁。

人们普遍认为，这是历史上人为造成的、最严重的一次意外爆炸。这不仅表现在爆炸规模上，还表现在伤亡人数、波及范围和财产损失上。死亡人数尤其多。爆炸造成的斯科舍的死亡人数甚至比其在一战中还多。

如果不是来自南方的干预，后果可能更严重。灾难发生后，波士顿红十字分会成员和马萨诸塞州负责公共安全的官员立即赶赴现场。新斯科舍为了表示感谢，每年冬天都会选取一棵常青树，送到波士顿。近年来，波士顿都会把从哈利法克斯送来的礼物种在波士顿公园里，当作城市的官方圣诞树。

延伸阅读 _____

前文说过，广岛原子弹爆炸的危害大约是哈利法克斯爆炸的五到七倍。我们得出这个结论，部分原因在于，哈利法克斯灾难过后的几十年间，北美媒体用这次爆炸当作评判其他爆炸的标准，强调这次爆炸的重要意义。例如，《时代周刊》报道广岛爆炸时明确指出，相比哈利法克斯爆炸，广岛爆炸的危害性是之前的七倍。

————

当水遇到盐：
凭空消失的石油钻井平台

　　培格诺尔湖位于美国路易斯安那州，在新奥尔良市西 125~150 英里处。大约 35 年前，你如果到那里，会发现一个淡水湖。湖水最深处大约只有 10 英尺，里面有许多鱼虾，与当地环境相得益彰。1980 年 11 月 20 日，如果你到那里，会看到 150 英尺高的石油钻井平台，消失在湖水中——虽然湖水的深度甚至都淹不住一只帆船。

　　美国的德士古石油公司（已被雪佛龙公司收购）正在培格诺尔湖钻井，希望在水平面下 1400 英尺（430 米）的地方找到石油。我们不能完全确定，那天发生了什么——一座 150 英尺的建筑消失在 10 英尺深的湖水中。问题总是比答案多。不过，德士古的工程师很可能犯了个小错误。14 英寸（0.35 米）的钻头没有按计划往下钻，而是有点偏离了方向。通常情况下，这也没什么——顶多就是找不到石油。但是，培格诺尔湖下面不是石油——或者说，至少不仅仅是石油。在培格诺尔湖平面往下大约 1400 英尺处，是一个盐矿的第三层——盐矿的开采方是晶钻盐业公司（Diamond Crystal Salt Company）。石油钻井造成的空洞，让湖水直接灌进了盐矿最上层。

我们知道，把盐加入水中，是一次完美的结合——盐会快速溶解到水中。如果你运营的是个大型盐矿，整湖水都灌进盐矿，那可是件非常倒霉的事情——在我们的故事中，湖水总量能达到 25 亿加仑①。在这样的例子中，尤其是这样。因为，我们这里说的盐矿，主要靠的是盐柱，来支撑盐层以上的重量（事实上，大多数盐矿也都这样）。当湖水灌进来时，一切都崩塌了——其中也包括 150 英尺高的石油钻井平台。

湖水灌入盐矿没几分钟，培格诺尔湖表面就形成了一个漩涡。漩涡越变越大，开始吸入湖中的一切。一同落水的包括钻机、钻井平台、12 艘船（许多是装着卡车的货船）。也许，最不可思议的要数 65 英亩土地，其中还包括一整个小岛。那天以前，德尔坎伯运河是这座湖的出水口，（最终）流向墨西哥湾。那天以后，运河开始逆流，把墨西哥湾的盐水输送到湖中。用了没几天，逆行的水流就形成了 150 英尺的瀑布——很可能是当时路易斯安那州最高的瀑布了。最终，培格诺尔湖底脱落后，一个有着 60 年历史的盐矿就消失了。一个原本浅浅的淡水湖，现在变成一个最深处达 200 英尺的盐水池。

值得庆幸的是，培格诺尔湖灾难造成的死亡人数为零。35 位盐矿工人、钻井平台工人和船上乘客都被及时疏散了。

---

① 1 加仑（英）=4.546 09 升。

延伸阅读 _____

　　盐与石油的渊源由来已久。埃德温·德雷克被誉为第一位成功钻探石油的美国人（当时，由于鲸油价格昂贵，石油是油灯的主要燃料）。1858 年，他受雇开始在宾夕法尼亚州的泰特斯维尔地下钻探石油。但是，到地平面几十英尺下开采石油是一场全新的挑战（也是一次投机行为——在那么深的地方，能不能找到石油？又能不能把石油抽出来？这些都是未知数）。德雷克打算把现有的盐矿钻探法，直接搬到石油开采上。他还增加了一条铸铁管，防止钻透基岩时，钻井区出现渗水现象。通过这样的创新，采盐法被用于早期的石油钻井。

_____

喝茶时间：
英国人为什么非要喝茶

　　几百年来，喝茶都是英国人的文化精髓。多年来，传统的灶台式茶壶已然失宠，被极速加热的电茶壶取代。整体上来看，相比传统茶壶，电茶壶几乎没有缺点。

　　除非，有更重要的电视节目。

　　1990 年 7 月 4 日，在四年一次的国际足联世界杯上，英格兰半决赛对阵德国。获胜方将在决赛赛场对阵阿根廷。失败方将参加第三、第四名的争夺战，与东道主意大利一决高下。经过常规赛和加时赛后，英德双方 1∶1 打成平手。双方进入点球大战，英格兰球迷正襟危坐，盯着看接下来会发生什么。

　　最终，德国获胜了，几百万英国人因此失望。许多人希望通过一杯鲜茶获得安慰——哪怕一丁点的安慰，也是可以的。于是，他们纷纷插上电茶壶。几分钟内，就有大约 100 万个电茶壶投入使用。突然，政府临时通知英国国家电网——负责电力网络的企业，要立即供应大量电力。

这种现象被称为"电视高峰期"，是英国特有的。这次需要额外增加 2500 多兆瓦电力——大约相当于三个核电站产生的最大电力。而且，根据 BBC 的报道，为了确定电力需求的时间点，英国国家电网控制中心专门指派一名工程师看电视。一些当红节目，比如肥皂剧《东区居民》（当然还有足球赛）的结束时间不确定，因为 BBC 有时也没法完全按计划播完节目。

为了应对喝茶带来的能源紧张，英国开辟了两个按需发电的来源。首先，法国有时会为英国提供 600 兆瓦的电力。其次，北威尔士地区有一家水力发电站，名叫迪诺威克发电站。迪诺威克发电站通常是停滞的，不会产生电力输出。不过，根据维基百科的说法，如果有需要，迪诺威克发电站会借助水库发电，在大约 16 秒的时间内，就能产生 1800 兆瓦的电力。结合其他备用发电站，英国国家电网可以应对国内大部分的临时喝茶时间。

这种现象源于看电视的习惯。但是，英国国家电网还要应对其他情况——其中一种尤其突出。世界杯比赛产生了 2000 多兆瓦的额外电力需求，这与电视有关。但是，在 1999 年 8 月 11 日，电力需求飙升了 3000 兆瓦。原因是什么呢？在将近 75 年的时间里，第一次出现可见的日食。

延伸阅读 _____

切断电源似乎是节省能源的一个有效方式。但是，也有例外情况。2007 年，英国"活乐地球"音乐会和 BBC 纪录片《行星地球》的组织者希望，英国公民能加入他们的"大拉闸"活动。他们鼓励所有人同时切断电源，表明需要节约能源。英国国家电网发现，"拉闸"其实可能给环境造成危害，因此持反对态度。根据 BBC 的报道，英国国家电网的专家解释说："这种情况下的电力需求具有不可预测性。这意味着，一些人会失去供电，二氧化碳释放量会因此增多，而不是减少。"

深入战争的内心深处：
英国禁止拍手

20 世纪 40 年代到 60 年代，美国歌手佩里·科莫主持了第一档电视音乐综艺节目。但是，在节目开播前，他是特德·威姆斯旅行乐团的一位歌手。威姆斯也帮忙创建了著名的乐队风格。在 20 世纪 30 年代末 40 年代初，科莫和威姆斯乐队录制了大约 24 首歌。其中的一首是《得克萨斯州的内心深处》，录制于 1941 年 12 月 9 日，也就是日本轰炸珍珠港两天后。

尽管得州这首歌和袭击夏威夷两件事似乎完全不相关，但结果表明，这首歌在战争时期扮演着重要角色。不过，这首歌的流行地点既不是得州，也不是夏威夷。《得克萨斯州的内心深处》成了英国的著名歌曲。

这首歌旋律简单，长度不到两分钟，人们自然可以轻易地想到。《得克萨斯州的内心深处》包括五个小节，每个小节包含两句歌词（第一个小节中，就有"夜晚的星空大又亮""大草原上的天空宽又高"）。不过，这首歌出名不是因为旋律，而是因为拍手。所有人都发现，在唱《得克萨斯州的内心深处》前，科莫和他的乐队会拍四次手。拍手能激发听众的参与性，让人产生共鸣，这也成为这首歌的标志。

这首颂歌很快流行起来，享誉得州内外。它连续五周登顶美国电视广播节目《你的流行歌曲排行榜》，然后走向全球，并在英国流行起来。平·克劳斯贝翻唱了这首歌，于1942年录制了自己的版本，登上美国公告牌第三名。这个版本在BBC上播放过多次，成为工厂工人的最爱。许多人会暂时停下手头的工作，跟着广播里的歌曲旋律拍手——啪啪啪——一直维持两分钟。

这就成了一个问题。

2008年，《卫报》回顾了英国历史上的这一刻。报道发现，战时工人听到广播上的音乐，会暂时停下来休息。英国政府没有客气，直接采取了行动。BBC规定，"工厂工人能听到的节目上"，不准播放《得克萨斯州的内心深处》，因为"他们会放下车床上的工作，跟着音乐拍手"。战争结束前，英国政府就颁布了这样一项禁令。

延伸阅读 _____

1962年8月，美国歌手鲍比·鲍里斯·皮克特推出了夏威夷新奇歌曲《土豆怪兽》（*Monster Mash*），获得了巨大成功。当年10月20日，那首歌——皮克特的唯一版本——登上美国公告牌音乐排行榜的榜首。但是，直到十多年后，它才在英国取得类似的成绩。因为，1962 年，BBC 禁止播放这首歌，认为它"过于恐怖"。1973 年，这首歌重新发行时，BBC 调整了主旋律，《土豆怪兽》登上了英国歌曲流行榜的第三名。

黄金手臂：
拯救了几百万人的男人

20世纪40年代中期，一位叫詹姆斯·哈里森的澳洲青年由于转移性肺炎，失去了一个肺。摘除肺部手术需要大量输血，总共需要13公升。哈里森在医院待了三个月，恢复了健康。即便他知道自己活下来是因为年轻，但他清楚，更主要是因为他输了许多血。他发誓，长大后一定要回报社会，成为一名血液捐献者。

到2012年，哈里森已经兑现了诺言——而且兑现了上千次。

1954年，他开始兑现诺言不久，研究人员就发现，他的血液有点不寻常。他血液里包含一种罕见的抗体，可以抵御一种胚胎疾病——恒河猴病。这种病是根据在恒河猴血液中发现的蛋白质命名的。通常情况下，这种蛋白质本身不是一个常见问题。一个人可以是Rh+（即拥有这种蛋白质），也可以是Rh-。整体说来，人们既不了解，也不关心。

但是，当女性怀孕时，恒河猴蛋白质就开始起作用。如果母亲的血液是 Rh-，胎儿从父亲方遗传了 Rh+ 血液，那么，母亲的免疫系统就会把胎儿的血液循环系统视为威胁，并进行攻击。这会导致胎儿患上许多并发症，轻则出生时患有轻微贫血症，重则夭折。

在发现哈里森前，医生们认为，可以使用合适类型的抗体，制成预防恒河猴病的疫苗。哈里森身上就拥有这种抗体。研究人员请他接受一系列检查，想看看他的血能不能提供治疗方法。为防止发生意外，哈里森获得了 100 万美元的人寿保险单，受益人是他妻子。就这样，哈里森同意接受检查。

结果证明，哈里森的血可以抗病。他的血浆里有一种极其罕见的抗体，可用于制造抗 D 抗体疫苗。这种疫苗可以避免 Rh- 母亲的免疫系统去攻击胎儿的 Rh+ 血液。

自从发现自己的血能救命，哈里森就立志要好好利用它。从 1954 年开始，他平均每年捐献 18 次血浆——相当于每三周一次。到 2011 年 5 月，他第 1000 次献血，轻松地创造了纪录。每次献血要花大约 40 分钟的时间——也就是说，他一辈子里，光献血的时间就有一个多月。

从整个世界的角度来看，那当然是一项伟大的事业。到目前为止，千百万名女性接受了由哈里森血液制成的疫苗——其中，也包括他自己的女儿。哈里森的抗体一共治愈了 200 多万名婴儿。如果没有他的帮助，这些孩子可能会患上恒河猴病。在未来，他和其他人天然产生的抗体，还会拯救更多人。

延伸阅读 _____

　　大约在 2002 年，一位名叫迪米李·布伦南的九岁澳大利亚女孩，由于病毒侵袭，不幸失去一个肝脏。一两天后，她接受肝移植手术，保住了性命——供体是一位 12 岁的男孩。根据《悉尼先驱晨报》的报道，不知道为什么，她的血型受到供体的影响，从 O 型阴性变成 O 型阳性。通常情况下，器官移植的受体需要免疫抑制药物的帮助，才能避免身体发生排异反应。因为，受体会把救命的移植器官当成外来入侵者。但是，布伦南的情况很不一样。她不仅血型变了，连免疫系统也变得跟供体一样。她是现存唯一的特例。

_____

《大型捐肾秀》：
世界上最奇怪、最好看的真人秀

一般人都拥有两个健康的肾脏，而我们只需要一个肾就能维持生命。因此，如果我们捐出一个肾，也不会对自身造成生命威胁。通常情况下，捐肾没有其他手术那么危险。不过，作为一场手术，捐肾也不是没有风险的。一般情况下，如果肾脏发生病变，都是两个一起病变（但是，在少数病例中，如由于受到钝器伤害或癌症影响，也会出现一个肾脏病变的情况）。所以，只留一个肾脏不会像许多人认为的那样危险。

在世界大多数地区，出于道德和现实方面的考虑，卖肾都是违法的。许多出版物也会关注这些话题。比如说，2011 年，据哥伦比亚广播公司新闻报道，在美国，有个新泽西人因为代理肾脏交易，被判有期徒刑两年半。由于肾脏等器官交易的政治法律限制，人们想出了许多创意的解决办法。例如，最近有两位科学家因为提出"匹配理论"（matching theory），获得了诺贝尔经济学奖——根据《纽约时报》的报道，这项理论可以把互不相识的供体和受体联系起来。

如果一个领域里可以产生诺贝尔奖，也许就能产生区别于诺贝尔奖的另一种形式——真人秀。根据《心理牙线》杂志的介绍，一位荷兰电视制片人想出了一个惊人的创意：一个由三位病人参加的真人秀。每位病人都需要肾脏移植手术，并把病情呈现给观众。另一边是一位奄奄一息的病人。她去世后会捐出一个肾脏。谁最应该获得肾脏移植，要由观众选出来。这部 2007 年的真人秀叫《大型捐肾秀》(*De Grote Donorshow*)。至少可以说，它是充满争议的。相关部门也尝试过审查节目。荷兰肾脏基金会要求节目不能使用自己的标志。许多官员谴责节目对荷兰造成了负面影响。

但是，结果证明，人们没必要愤怒。因为，《大型捐肾秀》其实只是一场秀。它的目的是提醒人们：荷兰肾脏缺乏，器官捐献注册率低。那位奄奄一息的病人是模特 / 演员扮的。节目中也不会真的捐献肾脏。三位肾衰竭的病人真的需要肾脏移植，不过，他们也参与了这场"骗术"。但是，这场"骗术"收效明显。根据荷兰新闻网站 NU.nl 的报道，节目刚播出没几天，荷兰捐肾注册网站上就有 4 万多份捐献表格被下载。在大约一个月的时间内，网站新增了 7000 多名捐肾注册用户。

延伸阅读 _____

根据《华尔街日报》的报道，"只有一个国家……解决了移植器官短缺的问题"。哪个国家？伊朗。怎么做到的？通过"器

官捐献使用与依法支付系统"。伊朗人捐一个肾可以获得 5000
多美元的补偿。补偿资金一部分来自政府，另一部分来自致力于
优化器官捐献的非营利机构。（从某个角度看，美国的人均 GDP
大约是 4.8 万美元，伊朗大约为 6000 美元。）

150 号捐精人：
捐精人的孩子怎么找到同父异母的兄弟姐妹

　　有个男人从 20 世纪 80 年代起开始捐精。他金发蓝眼，生于美国特拉华州威尔明顿，身高 6 英尺 3 英寸，体重 163 磅。他通过捐精至少生下 12 个孩子。孩子们跟各自的母亲一样，遍布美国各地。并且，在大多数情况下，这些生物学上的兄弟姐妹永远不会见面。

　　这位捐精人是来自加利福尼亚精子银行的 150 号。他捐精生下的几个孩子相互联系上了。2005 年 11 月 20 日，周日，《纽约时报》刊登了一篇文章，题为《你好，我是你的姐妹，我们的父亲是 150 号捐精人》。文章详细介绍了两位女孩是怎么联系上的——她们一位是来自纽约长岛的 16 岁女孩丹妮尔·帕加诺，另一位是来自宾夕法尼亚州西北部的 15 岁女孩乔艾伦·马什。不过，想联系上她们的父亲似乎就太难了。据《泰晤士报》介绍，"跟大多数匿名捐精者一样，150 号可能永远也见不到捐精生下的孩子"。

受赠人永远也不会知道捐精人的真实身份。因此，受赠人不可能联系上捐精人，孩子也不可能联系上生物学父亲。

但是，想找到同父异母的兄弟姐妹就是另一回事了。许多受赠方父母会到"捐精子女登记组织"网站注册，查询捐精子女的数据信息。虽然数据库提供的信息很少，但足以找到生物学的兄弟姐妹了——你需要知道的信息是，精子来自哪个精子银行，以及受赠方母亲手上捐精人的匿名身份号码。从 2000 年成立到 2012 年，捐精子女登记组织帮助将近一万名捐精子女顺利地取得了联系。

在前文提到的情况中，两个女孩联系上不久，又联系上了其他兄弟姐妹。几个兄弟姐妹还计划在当年的感恩节"团聚"（其实这里是用词不当，因为他们没有真的见面）。由于一篇报道，一个散布在各地的"家庭"越来越大。

还有谁看了这篇文章？杰弗里·哈里森。根据《泰晤士报》的报道，他是位生活一波三折的流浪者。《泰晤士报》说他是一位"温和热心的男人"。"他喜欢瑜伽和动物，住在一辆旅行车上。在捐精期，他曾为《花花女郎》拍过封面。他坚决拥护许多阴谋理论，靠打零工养活自己和自己的小小'动物园'。"据说，他碰巧去了加州威尼斯常去的咖啡厅，碰巧在一堆废弃物里看见了当天的报纸。他读到报纸是个意外——在纽约外的其他美国城市，《星期日泰晤士报》不会保留很久。通常情况下，如果报纸被扔到了咖啡厅的垃圾桶里，前页一般都掉了。

不过，杰弗里·哈里森的身份不是帕加诺和马什的兄弟，而是 150 号捐精人，也就是她们的生物学父亲。

到目前为止，哈里森与子女们保持着一种复杂的联系。他开车四处旅行时，经常去拜访他们。用他的话说，有些子女把他当成一位"有趣的叔叔"。他似乎不知道什么时候就会出现在他们的生活中。在马什看来，他不想"只做个捐精人"。其他子女也没想过让哈里森成为自己生活中的固定角色。不过，他们曾经未知的身世不再那么可怕了。对于这一点，他们还是心存感激的。

延伸阅读 _____

从 2005 年起，英国不能再匿名捐精了，这导致了捐精数量骤减。于是，英国女性就开始寻找其他地方的捐精人——大多数人通常会选择丹麦。在同一时期，丹麦放开了捐精法律。据 BBC 和《太阳报》的报道，近年来，丹麦付费精子银行克瑞奥斯变得相当火爆。现在，它宣布向 60 个国家输出精子。并且，它存储的精子足够孕育一万多个胚胎。到 2011 年，想到克瑞奥斯捐精的人超过 500 人，而且遵循"先到先得"的原则（抱歉，这么说有些粗鲁，但我是无意的）。克瑞奥斯还会挑选供体。据说，由于需求量小，它已经不接受红发人的捐精了。

_____

红发之痛：
头发与疼痛是如何关联的

　　世界上有 1%～2% 的人口是红头发。他们大多数是欧洲血统，人们认为其中大约包括 12% 的苏格兰人和 10% 的爱尔兰人，这个比例要远高于其他国家。红发人通常是白皮肤，脸上有雀斑。不过，红发也可能伴随其他症状——对麻醉药的抗药性。

　　红发通常来自基因遗传。红发人群拥有两种隐性基因，会造成一种基因的变异。这种基因被称为"黑皮素 1 受体"，简称 MC1R。MC1R 基因部分决定了我们的身体产生哪种黑色素，而黑色素最终决定了我们的发色、肤色和眼球颜色。在红发人群中，MC1R 变异会造成真黑素下降，褐黑素上升——其中，真黑素会带来黑色特征，褐黑素不会带来黑色特征。MC1R 变异还会产生雀斑，提升对紫外线的敏感度。

　　红发还可能与人们对疼痛的忍耐度有关。

　　比如说，许多情况中，红发人非常排斥疼痛的医疗和牙科手术。

相比黑发人，医生和牙医会给红发人更多麻醉药。2009年，《美国牙科学会杂志》刊登了一篇论文，研究红发人是否会极其排斥看牙医。相比黑发或棕发人群，有两倍比率的红发人承认，他们会因为害怕疼痛和麻醉剂失效而拒绝看牙医。

2005年，路易斯维尔大学的一组研究人员做了深入研究，希望探索出红发人恐惧的根源。研究人员让一个测试组体验"热痛"——即由极冷或极热感引起的疼痛。研究成果最终发表在《麻醉学》医学杂志上。他们的结论是，红发人群其实对痛感更加敏感，对皮下注射麻醉剂利多卡因有一种天然的抗药性。

这篇发表在《麻醉学》上的文章并不是唯一的相关论证。2010年，《斯堪的纳维亚疼痛研究杂志》（*Scandinavian Journal of Pain*）上发表的一篇文章得出了相似的结论。在这个案例中，相比20名金发/黑发女性，20名红发女性需要更多的辣椒素，才能达到相同的麻醉效果——即局部麻醉。总体上来说，科学界认为，由于红发人群发生MC1R变异，就要用比普通人多20%的麻醉药，才能获得相同的效果。许多从业人员没有意识到这一点，于是，红发人群就在许多牙医和医生那里不幸忍受了更多疼痛。就像有位医生告诉《纽约时报》的那样，治疗方法很简单：红发人群要告诉医生自己基因上的"小怪癖"。

延伸阅读 _____

如果你在美国补牙，牙医可能会问你，要不要注射奴佛卡因做局部麻醉。不过，在实际操作中，奴佛卡因是很少用到的，因为利多卡因效果更好，还不会产生过敏反应。根据美国医疗服务网站 WebMD 参考指南 "医景"（*Medscape*）的说法，普鲁卡因（奴佛卡因的通用名）——无论从品牌上看，还是从药品本身看——美国市场上都不再使用了。牙医通常误用 "奴佛卡因" 的说法，是因为患者更熟悉这个术语。

————

红灯绿灯：
朝鲜的人力交通信号灯

从许多方面来看，朝鲜人的生活都算不上美好。西方人认为理所当然的东西——比如说按需供电，在朝鲜却无法做到。私人拥有轿车的现象，几乎是闻所未闻的——到 1990 年为止，朝鲜国内只有大约 25 万辆轿车。而且，它们大部分都归军方所有。朝鲜国内只有大约 1000 英里长铺好的道路，购买燃料更会受到极端限制。所以，路上的轿车也不多——即便是交通比较拥挤的地方，由于基础设施较差，也可能没有红绿灯。

但是，没有红绿灯就意味着更多交通事故，这可不是什么好事。怎么解决呢？年轻姑娘们接受完训练，会来到十字路口中间，站在带遮阳伞的平台上指挥交通。

平壤的交通指挥员都穿着深蓝色西服，戴着白色空军帽，脚踩结实的黑色鞋子。鞋子穿得结实是讲得通的，因为她们工作时要不停地走动，每次站岗指挥都要旋转几个小时。这些交通指挥

员——清一色的女性——都练得像机器人一样果断，每个动作都
准确利落。她们只会逆时针旋转，指挥工具也只有警棍和哨子。[你
大概亲眼看见才会相信，YouTube（世界上最大的视频网站）上可
以找到有关"机器人女指挥"的视频。]

　　你觉得这再次证实了朝鲜的荒唐？也许你的判断是对的，但
是，真相其实更神奇。早在 20 世纪 70 年代，朝鲜就有女交通指
挥员了。不过，现在的遮阳遮雨平台相对较新。据朝鲜国家媒体
机构朝鲜中央通讯社的报道，这些平台建于 1998 年。当时的报道
这样写道："金正日总书记的热情关怀，给交通指挥员带来了感
动。金正日不仅为她们提供了雨衣、雨靴、手套、太阳镜、遮阳伞、
化妆品和不同季节的服装，这次又设立了带伞的平台。"

延伸阅读 _____

　　朝鲜采取的交通措施虽然荒唐，但可能解决了一个现实问
题——有些汽车司机因为色盲看不懂红绿灯。还有些国家想出了
没那么荒谬的方案，比如说，每种颜色配上不同的形状，代表一
种信号——（红色）方形代表停止、（黄色）菱形代表缓行、（绿
色）圆形代表通行。

_____

狂转的风扇：卧室里的杀手？

去韩国旅行，买一台普通的摆头电扇，插上电源，屋里就会凉快起来。最多一两个小时后，你很有可能就得重启风扇了——风扇大概已经自动关闭了。为什么？因为早在 2006 年，韩国消费者保护委员会（KCPB）就认为，睡觉时不关电扇有可能导致死亡。

2006 年 7 月 18 日，KCPB 颁布了一份消费者公告，内容如下：

> 如果身体在电扇或空调下暴露过长时间，可能会导致脱水和体温过低。直接吹风扇，会导致二氧化碳饱和浓度上升，氧气浓度下降，从而可能导致死亡。有呼吸困难的老人和病人，诱发死亡的概率更高。
>
> 从 2003 年到 2005 年，消费者危害监控系统（CISS）总共报道了 20 个案例，都是睡觉没关电扇或空调导致了窒息。为了避免窒息，一定要定好时间，把风向设定成旋转风，并打开门。

　　所谓的"风扇死"的传言在韩国流传很广。事实上，在韩国，这样的认识很普遍。到美国上大学时，一些韩国人甚至承认，来美国之前，他们都相信这个传言。并且，韩语版维基百科词条并没有把"风扇死"描述为传言，而是"有争议"。

　　不过，"风扇死"当然是误传。来自曼尼托巴大学的戈登·吉斯布雷西特是研究低体温症的首席专家。他对韩国媒体做出了这样的断言："这是难以想象的。因为，要想死于体温过低，（一个人的体温）要下降到 28 摄氏度，也就是一夜下降 10 摄氏度。我们曾经让人在温尼伯的雪堆里躺一夜，最后他们都活下来了……人不会因为体温一夜下降两三摄氏度，就死于低体温症；死亡的条件必须是体温下降 8 到 10 摄氏度。"

　　然而，直到今天，在韩国，还是有许多人接受这个传言——尽管它的最初来源也没有科学依据。

延伸阅读 _____

　　2008 年，《儿科与青少年医药档案》（*Archives of Pediatric & Adolescent Medicine*）有一期刊登了一项研究。研究表明，婴儿睡觉时不关电扇，猝死综合征的发病率更低。

_____

球迷与花生：
为什么《带我去看棒球赛》是个谎言

一个多世纪以来，棒球比赛客队打到第七局一半时，都要经历延长的暂停。传统上来说，这段时间被称为"第七局舒展"。美国职业棒球大联盟（MLB）的许多球队都会利用暂停时间，在球场上开展专属活动。纽约大都会队会唱《懒虫玛丽》（*Lazy Mary*），向看台扔 T 恤。辛辛那提红人队会唱《摇摆与尖叫》（*Twist and Shout*）。多伦多蓝鸟队会带领球迷一起做伸展体操。但是，所有 30 块球场都有一个传统：观众一起跟着唱《带我去看棒球赛》这首歌。

19 世纪末到 20 世纪初，美国流行音乐的主导者是一群作曲家和作词家。他们的主要合作伙伴是住在曼哈顿第五、第六大道间西部第 28 街的乐谱出版商。这条街叫"廷潘胡同"，许多家喻户晓的名字都出自这里，例如欧文·柏林、乔治·盖希文和伊拉·盖希文兄弟等。廷潘胡同生产了许多经得起时间考验的歌曲，例如《天佑美国》《甜蜜的佐治亚·布朗》等。其中也包括 1908 年由杰克·诺沃斯和阿伯特·冯·梯尔泽创作的《带我去看棒球赛》。根据歌曲第一节的内容，有位名叫凯蒂·凯西的姑娘"非常痴迷棒球"。只要是她买得起门票的比赛，她都看过。她对棒球非常痴迷，"年轻男友选在周六 / 问她想不想看场秀 / 凯蒂小姐说了声 No"，因为她想去看棒球赛。副歌部分讲的是，凯蒂·凯西请男士带她去看棒球赛。

但是，诺沃斯和冯·梯尔泽先生不像凯蒂小姐那样痴迷棒球。凯蒂·凯西没错过一场比赛，而诺沃斯和冯·梯尔泽却没看过一场比赛。在创作《带我去看棒球赛》前，他们两个人都没看过一场棒球比赛。

作词家诺沃斯显然没有受到观众的启发，也没有受到花生和玉米花生糖的影响[①]。有一天，他在纽约市坐地铁，看到"今日棒球比赛——波罗球场（Polo Grounds）"的标志，获得了灵感。冯·梯尔泽给歌词配上了旋律。几十年后——没人知道是什么时候，或者怎么回事——这首歌就变成棒球场上的标配。这对搭档虽然为棒球做出了巨大贡献，却都不是棒球爱好者。直到 20 世纪 20 年代，冯·梯尔泽才第一次现场观看了 MLB 棒球赛。诺沃斯第一次看棒球比赛则是在 1940 年。

到目前为止，人们还不知道这对搭档喜欢的到底是花生，还是玉米花生糖。

---

① 此处是指歌词中"带我去看棒球赛 / 把我带到观众中间 / 给我买花生和玉米花生糖"。

延伸阅读————————

我们不知道，从何时何地开始，《带我去看棒球赛》变成了第七局的中场音乐。但是，它一开始是一场玩笑引起的——这首歌也许就是这样流行起来的。20世纪70年代，著名棒球播音员哈里·凯瑞当时还是芝加哥白袜队的现场解说员。众所周知，他喜欢在直播间关上麦克风，跟着节奏唱歌。一个名叫比尔·维克发现了这一点。有一天，在凯瑞不知道的情况下，维克打开了麦克风。球迷听到了凯瑞的歌声，就非常喜欢。后来，凯瑞到市区的芝加哥小熊队播音时，就保留了这个习惯。

————————

杀死查丽·布劳：
《花生》漫画中消失的角色

1950年10月2日，标志性连环漫画《花生》（*Peanuts*）首次连载。在第一期连载的四格漫画中，查理·布朗走路经过雪米和派蒂时，两个人在他背后闲聊（派蒂与薄荷·派蒂不是一个角色，薄荷·派蒂是20世纪60年代中期才加入的角色）。几天后，漫画作者查尔斯·舒尔茨把史努比带到了世界上。在接下来的十年间，又陆续出现了露西、莱纳斯、史洛德和许多其他角色。在将近50年的漫画连载中，大多数角色都受到读者的喜爱。

唯一的例外是1954年11月30日首次出现的查丽·布劳。她本来是作为女版查理·布朗出现的（要是你大声念出两个角色的名字，这一特点就更明显了）。还没到第二年春天，布劳就最后一次出现在《花生》上了。从某种理解来看，她死在一位叫伊丽莎白·斯温的女人手里。

不过，斯温不是《花生》里的角色。她是一个粉丝——她像许多《花生》粉丝一样不喜欢布劳。这个角色性格粗暴、喜欢招摇，在粉丝群体中不太受待见。美国国会图书馆大众图画艺术主任亨利·L.卡茨告诉美国广播公司新闻网，这个角色"有点太没娱乐气质了"，而且"不具备其他角色的热情或幽默感"。简单说来，就是没人喜欢查丽·布劳。

粉丝们写信给舒尔茨，反对加入布劳这个角色。舒尔茨还回过一封信。1955年1月5日，当时刚二十出头的伊丽莎白·斯温收到了来自这位著名卡通画家的回信。舒尔茨写道：

> 我正在考虑有关查丽·布劳的建议，最后打算舍弃这个角色。如果她再次出现，大概会在收到你来信前完成的漫画中。或者是因为，有人写信说他们喜欢她。不过，我要提醒一点，你和你朋友将会为杀死一位无辜的孩子而感到愧疚。你们准备好承担这样的责任了吗？
>
> 感谢你的来信。我希望，将来的连载会给你带来快乐。

在回信最后，舒尔茨随手涂鸦了一张查丽·布劳的画像。她表情痛苦，头上扎了一把斧头。

斯温后来成为一名研究馆员。她去世于2000年，当时，舒尔茨刚刚去世了几个月。她把舒尔茨的回信捐给了国会图书馆（碰巧的是，她早年就在那里工作）。

至于查丽·布劳，她并不是"死于"1月的那天，而是又"活"了几周时间。她最后一次出现在《花生》连载上是在1955年2月1日。露西继承了查丽鲁莽嘈杂的风格。

延伸阅读 _____

　　《花生》的名字与舒尔茨对漫画的看法毫不相干。舒尔茨想沿用前作《孩子们》（*Li'l Folks*）这个名字。但是，他的出版单位认为，这个名字很容易与名作《莱尔·阿布纳》（*Li'l Abner*）混淆。最终，决定取名《花生》的不是舒尔茨本人，而是他的出版单位。这里的"花生"是指电视节目《豪迪·杜迪秀》上票价最低的剧场最高层座位。舒尔茨对这个名字的看法是什么？在1987年的一次采访中，他提出了异议："它完全是荒唐，没有任何意义，只会让人困惑。而且，它听着一点也不高雅——我觉得，我的幽默是高雅的。"

_____

聚餐与凶杀案：
最倒霉的侦探

　　我们从黄金档电视剧了解到，谋杀案的许多办案侦探通常经验丰富，似乎还有着用不尽的资源。他们有高端的科学实验室，可以从看似毫无头绪的物件上提取指纹和／或 DNA。他们可以用先进的设备，拍出最精细的闭路摄影图像，完美展现出嫌疑人的正面照片。他们还有编剧才能想出来的其他工具。现实却是非常不同的，尤其是小镇上的警察局。许多凶杀案依然悬而未决——当地执法部门通常会十分重视残忍的凶杀案。

　　这样的警察局能做什么？打电话给蝙蝠侠？不对。他们会打给维多克学会。

　　维多克学会创办于 1990 年，是由一组法学讨论专家组成的——包括检察官、心理学家、凶杀案侦探、联邦调查局侧写员、科学家和验尸官——他们每个月会在费城聚餐一次，给解决悬案带来新鲜灵感。学会的名字源于法国人佛朗科斯·尤根·维多克。他有过犯罪前科，后来成为义务的罪犯反抗斗士。他可能是世界上第一位私家侦探，被视为"现代犯罪学之父"。维多克学会由三个背景完全不同的人创建——他们在案件侦破过程中相遇。比尔·弗莱舍是三人中最普通的一员——他是一名联邦调查局特工。犯罪心理学家理查德·沃尔特是现代犯罪心理刻画的先驱之一。最后，维多克学会的共同创办人中还包括已故的法兰克·本德尔。他是一位自学成才的雕刻家，尤其善用头骨和以前的照片重塑头像。

维多克学会一开始并没有那么正式。三个人通信了好多年，直到 1989 年 5 月才第一次见面。不出所料，他们三句话不离老本行，谈论各自手上的疑案，私下里相互协助。其中一个人建议，三个人定期碰面；另一个人建议，邀请执法界的同事加入。根据《电讯报》的报道，他们发出了 28 份邀请信，只期待获得一两个回信。但是，26 个人接受了他们的邀请，维多克学会也由此成立了。

每个月，维多克学院会花钱邀请一名执法人员，在聚餐期间分享一个悬案（差旅费来自学会每年每人缴纳的 100 美元会费）。这里分享的悬案要符合两个特征：凶杀案至少要两年时间没有破获；受害者本人不能有毒品交易或卖淫等犯罪行为。

到目前为止，他们的工作也小有成效，几年来解决了一些案件。其中包括 2005 年的双杀案，它最后还被改编成电视节目《全美通缉令》。至少在一个案件中——1991 年发生在阿肯色州小石城的休伊·考克斯死亡案——维多克学会帮一位被警方冤枉的嫌疑人恢复了自由。

延伸阅读 _____

　　1996 年，维多克学会出现在合订本儿童推理小说《哈迪男孩・少女妙探》（*Hardy Boys / Nancy Drew*）中。维多克的故事出自《少女妙探》长期以来的作者卡洛琳・基恩之手。基恩是根本不存在的——《哈迪男孩》作者富兰克林・W. 狄克逊也从来没存在过。两个名字是许多作者共用的假名，是出版商（最初是斯特拉特・迈耶）为了维持一批作家，并推出大量图书，打造持续品牌的手段。

_____

洗钱勒索者的热情：反毒战争的官方电影

  2004 年，梅尔·吉布森推出了《耶稣受难记》。他执导的这部电影尽管颇受争议，却斩获了 6 亿多美元的票房。2012 年 5 月 10 日，一位名叫豪尔赫·巴斯克斯的嫌疑人承认犯有洗钱罪和勒索罪。9 月，他被判七年有期徒刑。作为控诉协议的一部分，美国政府从《耶稣受难记》续集收到 10% 的潜在收益。

  这是真的。

  《耶稣受难记》的作者是吉布森和不知名作家本尼迪克特·菲茨杰拉德。拍电影没有给菲茨杰拉德带来许多收入——后来，他起诉了吉布森。在诉讼中，他宣称自己被误导认为，这是一部小成本电影——因此，他收了比较低的剧本费，要靠贷款才能支持未来的项目。他拖欠贷款时，卖掉了当时正在创作的剧本版权——《耶稣受难记》续集《圣母玛利亚》。购买版权的公司股东之一是来自圣安东尼奥市的阿图罗·马德里加尔。

  再回到巴斯克斯的话题上来。嫌疑人认罪时，一般会向法庭承认自己的过错，也就是所谓的"认罪供词"。在供词中，巴斯克斯承认，他和同伙在墨西哥绑架了马德里加尔的兄弟，强迫马德里加尔转出《圣母玛利亚》的剧本使用权。最后，马德里加尔照做了。（巴斯克斯声称，马德里加尔欠他钱，他在想办法要债。）巴斯克斯随后转手把剧本卖给一家制作公司，除了获得预付的 100 万美元，还能获得电影后续收益的 10%。

根据 mysanantonio.com 的报道，最后达成的辩诉协议很奇怪——政府要求巴斯克斯放弃未来收益的 10%，这笔钱将直接进入联邦政府的银行账户。

为什么政府认为，巴斯克斯有权把收益转给他们？原因还不得而知。但是，监禁巴斯克斯的原因一部分是他获取权益的手段不合法。当然，马德里加尔认为，巴斯克斯对电影剧本没有任何所有权。巴斯克斯认罪的那一天，马德里加尔就起诉了他，试图阻止剧本被卖掉。

延伸阅读 _____

　　近年来，美国开始兴起一种圣诞"恶作剧"——在美国范围内，开始有人从耶稣诞生实景中偷走小耶稣玩具。根据 The Awl 网站的统计，从 2011 年到 2012 年，这样的偷盗行为有 2000 多起。对许多人来说，这可不是闹着玩的。2012 年，据《纽约邮报》报道，警察把布鲁克林教堂的一起偷盗行为视为仇视性犯罪。同一年，《洛杉矶时报》称，佛罗里达州的一家教堂已经疲于小耶稣雕像被偷事件，在新雕像上安装了 GPS 装置，用来追踪未来可能出现的小偷。

被偷走的微笑：
惨遭抢劫的《蒙娜丽莎》

1911 年 8 月 21 日，列奥纳多·达·芬奇的巨作《蒙娜丽莎》失窃，只留下法国罗浮宫墙上光秃秃的四个铁钉。后来发现，偷走画作的人是当时的罗浮宫员工文森佐·佩鲁吉亚。他知道博物馆第二天会关门，周六晚上躲在壁橱里。8 月 21 日，他从躲避的地方出来，拆掉将近 200 磅重的安全装置和装饰相框后，从墙上取下《蒙娜丽莎》。他把画藏在工作服下，走出大门，逃之夭夭了——不过，28 个月后，正当要卖画时，他被警方逮捕。

然而，佩鲁吉亚算不上传统意义上的偷画贼。他并不只是简单地想卖掉画作，一夜暴富——这就低估了这场盗窃行为。佩鲁吉亚要么是一位民族主义空想家，想替自己的国家意大利要回画作，要么就处于由乡巴佬到犯罪大师的过程中。

前一个猜测很明确：佩鲁吉亚出生于意大利。据说，他认为，意大利人达·芬奇的作品只能交由意大利保管——为了解决"问题",他就偷走了画作。不幸的是,我们有许多理由相信,佩鲁吉亚被抓后,只是拿这个当借口,而且最终达到了目的——他被缩短了监禁时间。(他在意大利接受审判,最终服刑七个月。《时代周刊》表示,爱国的动机缩短了他的监禁时间。)人们不相信佩鲁吉亚,还有一部分原因:他试图把画卖掉(相当于10万美元),而不是捐献出去;他等了两年多才偷走画;他被释放后回到了法国;他至少与一个艺术品造假团伙有联系。

艺术品造假者的故事表明,佩鲁吉亚的动机并非是高尚的爱国主义。

失窃事件的背后是一位名叫爱德华多·德·瓦尔菲尔诺的阿根廷骗子。1914年,《蒙娜丽莎》失窃后又被送回来。但是,在佩鲁吉亚接受审判前,瓦尔菲尔诺向美国记者卡尔·德克尔讲述了自己的故事。但德克尔需要承诺,在瓦尔菲尔诺去世前,不会发表相关报道。德克尔同意了。这成为瓦尔菲尔诺的唯一报道来源。

瓦尔菲尔诺的"工作"是伪造名作。他会委托艺术家制作可以乱真的名作赝品,谎称是真品,卖给世界各地的收藏者。

为了证明真实性,他还拿出其他伪证——由原作所在博物馆出具的文件,声称真品已经被盗,为了避免尴尬,只好悄悄地展出复制品。不幸的是,瓦尔菲尔诺的一位买家向别人炫耀了自己的收藏,最后媒体曝光了捏造的被盗情况——几乎揭穿了瓦尔菲尔诺的骗局。于是,瓦尔菲尔诺决定不再冒险了。

据说,瓦尔菲尔诺雇了佩鲁吉亚等人去偷《蒙娜丽莎》——当时,他已经托人制作了六份赝品,并散布到美国各地。(瓦尔菲尔诺推测,真品被盗前,更容易通过海关。真品被盗后,通过海关几乎是不可能的。)一旦媒体曝出真品被盗,瓦尔菲尔诺就可以毫不费力地卖掉六件赝品——而且，也不用承担很多风险。因为，买家明知是失窃物还购买，即便发现被骗，也没有偿还请求权。瓦尔菲尔诺手握《蒙娜丽莎》真品，自然也就知道，罗浮宫永远也拿不回原作。因此，赝品的买家即使再幸运，也不可能弄清真相。当然，这部分并没有按计划进行。

瓦尔菲尔诺声称，事成之后，佩鲁吉亚可以获得一大笔回报。但是，他把钱全输光了。接下来怎么办？他知道瓦尔菲尔诺把《蒙娜丽莎》藏在哪里。于是，他又干起一两年前的老本行，再次把画偷走了。

延伸阅读

　　《蒙娜丽莎》并不是画在油画布上，而是画在一块 1.5 英寸厚的三层木板上。

非故意破坏：
修钟表的文物破坏者

先贤祠（Panthéon）原来是座教堂，现在是位于巴黎的一座陵墓。它始建于 1758 年，完工于 1790 年，是伏尔泰、路易·布莱叶、维克多·雨果、大仲马、居里夫人等人的安葬地。先贤祠是模仿罗马的同名建筑修建的。它是一个穹顶结构，由巨大的支柱构成。它的结构中还有一个钟表——我们接下来要单独介绍。这块钟表是 19 世纪留下来的古董。20 世纪 60 年代，钟表由于齿轮生锈停了，也就不会响了。

2006 年，一切都发生了改变。那一年，经过八个月的修复项目，钟表终于修好了。但是，修复钟表的不是公共工程项目，背后没有富有的艺术赞助人——至少表面上不是这样。它的修复人是一组偷偷行动的地下艺术修复师、文化保护倡导者，甚至还有犯罪分子。这个依然存在的组织叫"地下实验组"，简称 UX。

UX 的历史充满神秘感。但是，根据《连线》杂志的说法，它始于 30 年前的一起盗窃事件。几个少年偷了一系列的地图，上面画着巴黎地下的一系列隧道——可以秘密地通向许多巴黎地标。有传言说，其中几个少年最后成立了 UX。在修复过程中，这些伪犯罪分子没有被发现，主要得感谢地图。

2005 年，UX 的地下小组（Untergunther）借助地图进入先贤祠，希望修复我们所说的钟表。然后，他们在先贤祠里创建了一个秘密车间，地址就选在圆屋顶地下。之后，他们就开始工作了。地下小组花了八个月的时间，花费组员捐出的一万美元（他们的时间是没有报酬的）。他们私下里辛苦地修复着坏了很久的钟表，毫不费力就躲过了守卫；他们创建车间的那一层很少有人光顾，连安保人员都很少进去。在临时车间外的平台上，他们甚至开辟了一个小菜园。

当他们完成修复时，又出现了一个新问题。钟表恢复了运转，但是需要先贤祠的员工来维护——不幸的是，他们还要告诉员工们钟表修好了。这一点非常棘手，需要付出代价。据《连线》杂志描述：

> 他们电话通知了先贤祠主任伯纳德·让诺，并打算当面说清楚。他们去了两男两女共四人——其中包括昆斯特曼和 40 岁的女摄影师、修复小组组长。但是，始料未及的是，让诺不相信他们的故事。更让他们震惊的是，主任看到工作室后（"我想，我要坐下来。"他小声说），决定起诉 UX，要求判处他们一年有期徒刑，赔偿 4.83 万欧元的经济损失。让诺当时的副手帕斯卡·莫奈现在成了先贤祠的主任。莫奈甚至雇用了一位钟表匠，把钟表恢复到原来有故障的样子。但是，钟表匠除了拆下一个零件，什么都不愿意做——拆下的零件正是第一次就坏

掉的擒纵轮。不久以后，UX又偷偷溜进去，拿走擒纵轮
妥善保管。他们希望，将来会出现一届更开明的管理层，
迎接它的回归。

最后，一些UX组员被提起了刑事诉讼。但是，《卫报》指出，
他们最后被无罪释放了。钟表呢？又停了。先贤祠的钟表时间永
远停在了10：51。

延伸阅读 _____

　　正如前文所述，居里夫人在放射性理论研究中取得的突破
性进展，改变了整个科学历史进程。目前，她安葬在先贤祠里。
1934年，由于经常接触放射性同位素，她死于再生障碍性贫血。
在研究生涯中，她把同位素和文件一起放在书桌的抽屉里。直到
今天，她的文件由于沾上了放射性元素，想要阅读都很危险。根
据维基百科词条的解释，她的文件"放在防放射性的盒子里，如
果需要查看，必须穿上防护服"。

更多延伸 _____

　　1903年，居里夫妇和物理学家亨利·贝可勒尔由于对放射
性的研究，获得了诺贝尔物理学奖。1911年，居里夫人个人又
获得了诺贝尔化学奖。到目前为止，她是唯一一位在两个不同科
学领域获得诺贝尔奖的科学家。

溶化的奖牌：
怎么才能躲过纳粹的视线

在第二次世界大战期间，阿道夫·希特勒禁止德国出口黄金。但是，由于价值较高，且不易追溯，黄金出口是很难控制的。（事实上，这大概就是它真正的价值。）在大部分情况下，希特勒的命令是无法执行的。没有例外吗？有，那就是诺贝尔奖牌。

在 1980 年之前，诺贝尔奖牌由瑞典颁发（只有诺贝尔和平奖是由挪威颁发），并由 600 克重的 23K 黄金组成，因此也在希特勒禁止出口的范围之内。

奖牌背后刻着获奖者的名字，这样很容易发现谁违反了法律。这对两位德国物理学奖获得者来说尤其危险，他们一位是 1914 年的获奖者马克斯·冯·劳厄，另一位是 1925 年的获奖者詹姆斯·弗兰克。第二次世界大战开始时，两位获奖者怕奖牌被纳粹兵没收，就委托丹麦哥本哈根的玻尔研究所负责保管。玻尔研究所由诺贝尔物理学奖获得者尼尔斯·玻尔创建。纳粹军队入侵丹麦时，就袭击了玻尔研究所。如果冯·劳厄和弗兰克的奖牌当初被发现，可能会产生灾难性的后果。

再说说未来的诺贝尔化学奖获得者、匈牙利化学家乔治·德·海韦西。身为犹太人的他去了玻尔研究所寻求庇护——至少是暂时躲开纳粹分子。他和玻尔认为，埋藏等普通手段都不行，因为奖牌一旦被发现，可能给冯·劳厄和弗兰克带来巨大的伤害。精通化学的德海韦西想出了绝招。他配制了一种叫王水的溶液——一种由浓盐酸和浓硝酸按照 3∶1 比例组成的混合物——之所以叫"王水"，是因为它可以溶解两种贵金属，即黄金和白金。他把奖牌放进溶液里迅速溶解，然后把含有黄金的王水溶液放在实验室的架子上。于是，纳粹突击队搜查玻尔学院时，没有发现眼皮底下的奖牌。

计划进展顺利。冯·劳厄、弗兰克和他们的奖牌都得以幸免。在战争期间，奖牌溶液悬浮在王水中，安稳地放在架子上，一直没被德国士兵发现。战争结束后，海韦西把黄金从溶液中分离出来，并由诺贝尔委员会进行了重铸。

延伸阅读 _____

在整个人类历史中（至少到 2009 年），人们已经成功挖掘出大约 16.5 万吨黄金。根据黄金的密度计算，体积也就相当于 30 万立方英尺——相对较小的量。打个比方说，纽约公共图书馆的玫瑰阅览室体积大约为 120 万立方英尺。也就是说，开采出的所有黄金都可以放在这里。

王者之城：
可口可乐反种族歧视

1929 年 1 月 15 日，身为牧师的马丁·路德·金博士生于佐治亚州的亚特兰大。1964 年 10 月 14 日，他成为史上最年轻的诺贝尔和平奖获得者。家乡亚特兰大想为他举办一场庆祝宴会——宴会正式邀请了市政府领导和产业巨头。亚特兰大市市长、不同教派的宗教领袖、一位大学校长和该区域重要报纸出版商接受了邀请。

不幸的是，亚特兰大还处于种族隔离状态中。马丁·路德·金有许多拥护者，但也树敌不少。看到他受到诺贝尔委员会的奖励，许多白人都感到不安。州参议员之一赫尔曼·塔尔梅奇就表示了不满。他发出质疑，委员会为什么把和平奖颁给一个鼓吹违法行为的人？这场高级宴会的邀请发出后，收到的拒绝比想象中多很多。《纽约时报》刊文称，在亚特兰大地区，一位身份未知的著名银行家还专门打电话，说服其他白人不要参加宴会。其他人也在宣传相同的信息。

时间一天天过去了。以当时的情况看，宴会当天晚上，举办地丁克勒广场饭店会空空荡荡。伊凡·艾伦市长意识到，无论从短期还是长期来看，这样的结果都会给亚特兰大的声誉带来污点。他还知道，亚特兰大的种族关系也会因此出现严重的倒退。他费尽心思找解决方案。就在这时，一位救星意外地出现了。

艾伦市长和可口可乐公司主席兼CEO保罗·奥斯汀召开了一次会议，叫来了亚特兰大商界领袖。奥斯汀抛出了邀请函。后来，马丁·路德·金曾经的助理安德鲁·布朗在回忆录《一次简单的负担》（*An Easy Burden*）中指出，奥斯汀告诉与会人员："可口可乐所在的城市，居然拒绝祝福一位诺贝尔奖获得者，真是令人难堪。我们是一家国际企业，并不需要亚特兰大。你们要集体决定，亚特兰大需不需要可口可乐公司。"

他们做出了决定。两个小时内，所有门票销售一空。由于外界对宴会突然兴趣大增，马丁·路德·金的父亲——老马丁·路德·金手上的门票都不够用了。1500位参会者塞满了丁克勒广场饭店，门外的警察特勤队甚至都无能为力。警方出动是为了应对抗议人群，防止他们突然出现，破坏宴会。不过，最终也没有发生任何抗议事件。

延伸阅读 _____

1986年，马丁·路德·金的生日成为法定假日。但是，在很长一段时间内，一些州都没有接受。在2000年以前，50个州还有部分不会庆祝这个假日。在同一天，密西西比不仅庆祝这个节日，还会庆祝南方联盟军总司令罗伯特·E.李的生日——他生于 1807 年 1 月 19 日。

可乐执行机构：
可口可乐的来源

　　1886年，佐治亚州的亚特兰大市刚刚通过了一项短期法律，禁止酒精销售与制造行为。于是，一位名叫约翰·彭伯顿的药剂师把果味、可乐果（含咖啡因）和古柯叶（含可卡因）混合在一起，调制出一种不含酒精的饮料。他通过冷饮柜台将其向外界发放——当时，人们认为碳酸水有药用价值——可口可乐就这样诞生了。

　　最初的可口可乐配方中，含有大量可卡因，不过很快就减量了。到了大约1903年，配方中已经完全不含可卡因了。这是因为，古柯叶的提取物可以得到满意的味道，因此就去掉了可卡因。直到今天，可口可乐公司还需要古柯叶制造饮品。正如一位公司高管向《纽约时报》说的那样，"我们使用古柯叶的成分，但是里面没有可卡因。我们要接受监管部门的严密监管"。

　　事实上，美国（及大多数其他国家）明确禁止古柯叶的销售与交易。可口可乐公司为了保持正常运转，与美国禁毒署（DEA）

进行了特殊约定。这样，可口可乐公司就可以从秘鲁大量进口干燥古柯叶（还有少量可以从玻利维亚进口）。在新泽西州梅伍德市，化学上市公司斯泰潘运营着一家加工厂，干燥古柯叶会运到这里进行加工。每一年，这家斯泰潘工厂输入大约100吨的干燥古柯叶，并去掉其中的活性成分——可卡因。然后，这些叶子会运到可口可乐公司，榨成糖浆，最终制成碳酸水。

斯泰潘又是怎么处理可卡因的呢？这些可卡因将进入马林克罗制药集团，依法制造局部麻醉剂——盐酸可卡因。它可以用于口腔、鼻腔和咽喉的麻醉，并需要持有DEA许可证。

延伸阅读 _____

据说，可口可乐的配方中含有一种神秘味道，被称为"7X配方"。可口可乐公司一直对此守口如瓶。在2011年年初，美国国家公共电台（NPR）旗下的《美国生活》播放了一期节目，讨论可口可乐早期可能使用的配方。不过，几乎可以肯定，现在那个配方已经不用了。（可口可乐公司表示，NPR并没有发现真正的配方。）在那期节目中，马克·彭德格拉斯特表示，"只有两个人掌握了7X配方"而且，"两个人永远不会乘坐同一班飞机，以防飞机坠毁；这样的秘密仪式一直传递下来，配方现在保存在一个银行保险箱里"。彭德格拉斯特著有《上帝、国家与可口可乐》一书，以个人角度回顾了可口可乐公司的历史。

_____

迷幻药先生：
美国如何获得麦角酸二乙基酰胺（LSD）

一次普通的 LSD 注射中含有 100 微克迷幻药。也就是说，一克 LSD 中最多大约含有一万剂迷幻药。一千克 LSD 中含有大约 1000 万剂迷幻药。毫无疑问，一千克 LSD 就等于大量迷幻药。

不过，对威廉·伦纳德·皮卡德来说，情况就并非如此。在巅峰时刻，皮卡德曾经每五周生产一千克 LSD。

1945 年，皮卡德生于美国加利福尼亚州。他父亲是律师，母亲是美国疾控中心（CDC）的一名专家。他从普度大学毕业后，回到加州学习高等化学。20 世纪 80 年代，他来到加州大学洛杉矶分校，在毒品政策研究项目中担任高层职位。我们不知道，他是怎么获得毒品知识、学会毒品制造的。但是，我们可以肯定一件事：他制作了大量 LSD。

1988 年，皮卡德正在旧金山外的建材店制作 LSD。一位邻居闻到一股怪味后，向当局报了警。联邦调查局突袭了皮卡德的"实验室", 发现 20 万剂迷幻药, 捕获了屋内的制毒"才子"。皮卡德被控犯有制造 LSD 罪, 需要在监狱里服刑五年。

皮卡德被释放后, 又重操旧业, 而且更加严重。在同谋克莱德·阿珀森的帮助下, 皮卡德横跨美国, 建立了许多暂时的 LSD 实验室——阿珀森的角色就是负责迷幻剂实验室的建立和拆卸。1996 年年初, 皮卡德在俄勒冈州, 同年又搬到科罗拉多州。1997 年的部分时间到 1999 年的大部分时间, 他在新墨西哥州的圣塔菲。皮卡德在实验室里制作大量毒品, 并趁着邻居没发现, 赶紧搬到另一个落脚点。

2000 年, 皮卡德在堪萨斯州的沃米戈被捕。此前, 另一位同伙揭发检举, 协助美国禁毒署(DEA)逮捕了他和阿珀森。检举人戈登·托德·斯金纳通知美国禁毒署, 皮卡德和阿珀森打算把生意搬到市区一个曾经的导弹发射井(斯金纳其实已经搬过实验室了, 只不过还没通知皮卡德和阿珀森)。几天后, 当两人试图用一辆莱德尔(Ryder)出租卡车搬家时, 美国禁毒署逮捕了他们。根据《华盛顿时报》的报道, 皮卡德被捕后, 美国的 LSD 总量下降了 95%。他在美国亚利桑那州接受了两次无期徒刑。

延伸阅读 _____

当你闭上双眼时, 可能看到一些小圆圈或小圆点, 这种幻觉现象叫作光幻视。通常情况下, 当你睁开双眼时, 光线正好射中视网膜，你双眼看见什么，就会产生什么样的画面。但是，视网膜也会受到物理刺激——假如双眼受到外力压迫，就会产生无意义的图像。当你闭上双眼，用手摩擦时，压力也会产生相应的图像。（有时候，你打喷嚏或头部受重击时，也会"眼冒金星"。）

棒球高手：
最不可能的无安打比赛

在美国职业棒球大联盟（MLB）中，投手很少能实现无安打比赛——也就是说，在一场标准的九局比赛中，投手或投手群没让对方球队投过一次球。从1875年到2012年，只有272场"无安打比赛"。取得这样的成绩不仅需要非凡的体能——球员必须能控制多种投球类型，以超人般的速度掷球，并拥有接近完美的投球应变能力——还需要许多运气成分。由于获胜的压力，在大多数情况下，投手制造无安打比赛还需要很高的精神敏锐度。

"大多数情况下"，"无安打比赛"的出现是由于一位名叫多克·埃利斯的男人。

与一般的MLB投手相比，埃利斯有点像个怪人。赛前热身时，他喜欢戴着卷发器。根据非营利性机构"棒球圣物箱"的说法，只有MLB干事不准他这么做时，他才会停下来。1974年，对战辛辛那提红人队时，他希望瞄准其他球员——你没听错——以激发自家球队的积极性。单是在第一局，他就击中了彼得·罗斯等三名球员的头部。然后，他又把棒球投向名人堂接球手约翰尼·本奇的头部。于是，他很快被罚下了场。1977 年，作为得州游骑兵队的一员，他掀起了一场著名的球员起义，反抗总教练比利·亨特。埃利斯告诉美国联合通讯社，"（亨特）就是希特勒，但他不能把我做成人皮灯罩①"。

作为一名怪人，他也明显不善于管理自己的日程。对埃利斯而言，1970 年 6 月 12 日像许多夏日的早晨一样——他这一天休假了。就像他十年半后描述的那样，他所在的匹兹堡海盗队刚刚在旧金山完成两场系列赛，正在去圣地亚哥的路上。当时，还没轮到埃利斯做投手。于是，在前一天，他就和几个朋友在洛杉矶放松和嗑药。直到 12 日的早上，一位朋友的女友告诉他，当天下午，海盗队要连打两场比赛，并且，第二场比赛中，埃利斯也要上场。他赶紧跳上飞机，在开赛前及时赶到了球场。在投球的九局中，他让六个击球手出局，穿过八个击球手，最终以 2：0 赢得比赛。（谁知道 LSD 还是一种提升表现的毒品？）

在《无冕霸王：名人吸毒与恢复的真实故事》一书中，埃利斯回忆了 LSD 对这场比赛的混乱影响：

> 我对那场比赛只剩下点零星记忆。我比较兴奋，有一种陶醉感。我对准（接球手的）手套，但是，我没有频繁击打手套。我记得击中了几个击球手，满垒②了两三次。在我看来，棒球时大时小。我有时看得见接球手，

---

① 传言，纳粹曾用人皮做灯罩。
② 满垒就是一、二、三垒上都有跑垒员。得分的概念是跑垒者必须回到本垒才算分，一个人踩本垒就是一分，两个就是两分。满垒就是还没人回到本垒，所以没有得分。

有时候看不见。有时候，我试图瞪得击球员不敢与我对视，投球时还一边看着他。我嚼着口香糖，直到棒球被击中。在第四局，我开始冒出一个疯狂的想法——本垒裁判是理查德·尼克松。我还一度以为，我正在朝吉米·亨德里克斯投球——对我来说，他正抱着吉他，在本垒板上摇摆。他们说，我当时拥有三四次防守机会。我记得自己猛地朝球冲过去，还以为那是一个直飞球。我跳了起来，但球击打的力度不够，根本就没碰到我。

1979 赛季后，埃利斯从 MLB 退役，掀开了人生新的一页：他成了一名毒瘾顾问。他于 2008 年 12 月去世，享年 63 岁。

延伸阅读　————

　　MLB 投手吉姆·亚伯特生来没有右手。然而，他却拥有 10 年的联盟生涯。1993 年 9 月 4 日，他投出了一场无安打比赛。

　　　　　　　　　　　　　　　————

提高比赛成绩的伤病：
你会因为伤病成为更优秀的运动员吗

近年来，竞技体育中，有些运动员会使用提高比赛成绩的毒品 PED（performance-enhancing drugs）。也许最臭名昭著的就是兰斯·阿姆斯特朗。不过，毒品不是成绩领先的唯一手段。对一些运动员而言——尤其是残疾运动员——还有一种"助推法"是不需要毒品的。

只要弄断一根脚趾就可以——当然，是人为地。

人体可以自动调节一些功能，比如说呼吸、消化、流汗、血压和心率等。这都是我们无法控制的——试着让大脑说服身体不要流汗，或者加速心率，几乎肯定做不到。无论你是残奥会运动员，还是律师助手，都是这种情况。

但是，脊髓损伤患者发现，他们的身体通常无法正常调节血压或心率了。因此，当他们锻炼身体或参加竞技运动时，身体不会相应地提升肺部和其他器官所需的氧气流量。由于供氧量跟不上，他们的身体比普通运动员疲惫得更快。但是，由于大多数人都会受此影响，竞赛场才得以维持其公平性。

除非他们故意制造痛苦。

脊髓损伤患者可能更容易得自主性反射异常。当人体脊髓损伤处的下方发炎时，就会发生自主性反射异常。而且，由于脊髓损伤的存在，大脑不会提示发炎的状况，因此也就不会做出反应。相反，发炎反应占据主导，出现脉搏加快和血压升高。通常情况下，这是非常危险的，有时还会威胁生命。但是，对运动员来说，却可以相应提升场上表现。

许多方法都可以诱发自主性反射异常，比如说，在没有造成脊髓损伤的情况下弄断一根骨头（通常像前文说的那样，弄断一根脚趾），或者通过导尿管让膀胱发胀。而实际操作中，运动员却要不断忍耐——《自然》杂志的一项研究表示，"助推力的作用是大大降低竞赛时间，平均可以提升 9.7% 的竞赛表现"。

1994 年，国际残疾人奥林匹克委员会（IPC）宣布禁止使用"助推法"，但由于很难发现，这种现象依然很普遍。据 BBC 报道，IPC 在某一年残奥会期间做过一次调查，结果表明，17% 的（匿名）运动员承认，自己在职业生涯中至少使用过一次"助推法"。

延伸阅读＿＿＿＿＿＿

残奥会（Paralympics）与"截瘫"（paraplegia）这个词没

有任何关系。Para 的前缀源于一个希腊词，意为"在……旁边"。从 1988 年的韩国首尔开始，残奥会和奥运会才开始在同一年、同一个城市举办。（"律师助手"，即 paralegal 这个词也拥有相同的词源，意为在律师旁边工作的人。）

更多延伸 _____

在自行车比赛中，PED 的使用拥有悠久的历史——环法自行车赛的创办人、已故的亨利·德斯格朗吉可能深有体会。根据维基百科的说法，德斯格朗吉推出了 1930 年环法赛的规则手册。他特意指出，赛事组织者不会提供 PED。这表明，运动员可能自己去找 PED。

_____

未奖牌：
打破假肢障碍的奥运选手

　　第三届夏季奥运会于 1904 年在美国密苏里州圣路易斯市举办。这届奥运会持续了几个月。就在同一年，圣路易斯还举办了世界博览会。现在人们熟知的男子体操比赛主要举办于当年的 10 月 28 日，已经远远过了夏末时分。男子体操比赛持续一整天。同时举行八场比赛，以及双杠、单杠、跳马和鞍马项目的颁奖典礼。

　　由于历史记录的缺失，参赛者的数量及大多数选手的国籍都已不得而知了。我们只知道获奖者的名字和地址——他们都是美国人。有两位获奖者运气不错，分别在六个项目中都拿到了奖牌——他们是安顿·海达（五块金牌、一块银牌）和乔治·艾塞尔（三块金牌、两块银牌和一块铜牌）。海达比艾塞尔的收获还多；他也遥遥领先于当天的第二名。跟艾塞尔不一样，海达有两条腿。

　　1848 年，欧洲掀起了一系列革命运动，大多数参与者是中产阶级。在德国，有一项由"特恩沃莱恩"（Turnverein）掀起的运动——

字面意思是"体操协会"。这些组织大多由男性工薪阶层组成——他们除了一起学习体操外，还形成了政治联盟。但是，当 1848 年欧洲革命失败后，健身房就关闭了。许多体操协会离开了德国，大多数搬到了美国，变成"特纳协会"（Turners）。

乔治·艾塞尔生于 19 世纪 70 年代的德国，14 岁时移民到了圣路易斯地区。尽管艾塞尔的大多数自传都没有显示，但在他十几岁时——大概是他家离开德国前，他撞上了火车，失去了左腿。他装了一只木质假肢，可以跑步、跳跃、参加许多体育运动。当时，在圣路易斯，特纳协会是流行的德美社交圈。在圣路易斯的德国人，把体操视为重要的社交方式之一。艾塞尔失去左腿的遭遇并没有改变这一点。

作为一名体操运动员，艾塞尔的付出终于获得了回报。与今天的运动员相比，1904 年奥运会的参赛者，也只有现在业余运动员的水平——当时的奥运会没有现在的魅力或地位——即便如此，艾塞尔也处于遥遥领先的位置。他取得金牌的项目包括双杠、撑跳马（与海达并列）和现在停赛许久的 25 英寸爬绳。他还在鞍马项目中取得银牌，在单杠项目中拿到铜牌。由于在多个项目取得成就，他还拿到了"综合四项"银牌。

在 2012 年伦敦奥运会前，1904 年奥运会得奖的艾塞尔，是最后一个装着假腿的获奖者。他唯一一次参加奥运会，就变成百年一遇的壮举——直到 2008 年，南非游泳选手娜塔莉·杜·图伊托参加了北京奥运会——她成为第二位装着假肢参加奥运会的运动员。

延伸阅读 _____

　　如果你看过 1904 年夏季奥运会的结果，你就会发现，男子体操项目在 7 月 1 日到 2 日举行。奖牌将授予团队前三名、体操全能前三名和"男子三项全能"前三名。这三项全能包括单杠、双杠和跳马项目（分为跳马和鞍马）。艾塞尔获得了第 10 名。但是，另外两项赛事是体操和现代田径的混合项目，包括体操三项全能和"运动三项全能"——铅球、跳远和百米赛跑。艾塞尔由于在田径项目上弱势明显，最终在整体项目中获得第 71 名。

_____

打麻雀：
"除四害"运动的意外后果

　　1958年，毛泽东认为，普通中国人的健康与卫生问题至关重要。作为"大跃进"的第一场运动，他把目标指向"四害"——这位领导者认为，是"四害"使他的人民处于疾病的威胁之下。毛泽东认为，只要除掉这些害虫，就能大大改进全中国的卫生状况。

　　"四害"之中，有"三害"分别是蚊子、苍蝇和老鼠。把它们从动物界单拎出来，也还算合理。不过，想彻底灭绝它们，哪怕是在小范围内，都是很难做到的。毛泽东列出的四害之一还包括麻雀。毛泽东认为，中国农民种下的粮食，会被麻雀吃掉。有时候，麻雀还会洗劫农田。它糟蹋了人民的劳动果实，所以要为此负责。麻雀也被列为四害之一，并居于榜首——它比其他"三害"更惹人厌。政府鼓励农民见到麻雀就驱赶或杀死。无论男女老少，都开始响应号召，加入到这场"打麻雀大战"中。关于那场运动，还留着当年的海报。其中一张海报上，一个孩子手持弹弓，配文是"大家都来打麻雀"。

　　宣传活动收到了效果。"除四害"运动取得了巨大成功。中国的麻雀几乎面临灭绝的危险。

　　不幸的是，"除四害"运动也成为意外后果定律①的典型案例。麻雀不仅吃粮食，也吃害虫——尤其是蝗虫。而蝗虫跟麻雀一样，也会吃粮食。如果没有天敌控制，蝗虫会肆意蔓延。一群群蝗虫吃掉的粮食，要比麻雀吃的多得多。

　　等到政府注意到这一点，并做出反应时，已经过去了两年，实实在在的危害已经造成了。"除四害"运动造成生态失衡，导致了严重的粮食短缺。

延伸阅读 _____

　　一个国家眼中的害虫，可能在另一国眼中就是益虫。比如说，在乌干达，干炸去翅蚂蚱，配上洋葱，就是一道美味。捕捉者利用亮光，把成群的蚂蚱引到一小片区域，然后用气体熏它们，并趁机迅速捕捉。可惜的是，在这个欠发达国家，不一定总能用灯光引来蚂蚱。2011 年 12 月，乌干达遭遇严重的电力短缺——这意味着没有灯光，也就造成了蚂蚱短缺。

_____

　　① 意外后果定律，指有些出发点很好的做法，却会带来一些意外的后果。

眼镜蛇效应：
处死令也能带来新生

　　如果你想解决问题，可能要找人帮忙，大多数情况下甚至还要雇人帮忙。给出适当的激励，人们也会接受责任的召唤——至少，我们希望是这样。不过，有时候，激励偶尔会让问题更严重，产生恶果。这就是所谓的眼镜蛇效应。

　　维卡斯·梅赫罗特拉是阿尔伯塔大学的经济学教授。他曾回忆起发生在印度的一件事。当时，印度还处于英国的统治下。根据梅赫罗特拉的故事，当时，德里市面临一个问题——街上有许多眼镜蛇，威胁人们的生命安全。政府是怎么解决的呢？把眼镜蛇全杀光。

　　为了达成目标，印度政府采取了一项非常直接的策略——设立赏金制度。谁杀死一条眼镜蛇，政府就给予一些物质奖励。你杀的眼镜蛇越多，拿到的赏金也就越丰厚。于是，人们纷纷磨刀霍霍，举起棍棒。

问题是什么呢？首先，赏金制度是合理的。因为，抓住并杀死一条野生眼镜蛇是很难的。这也是理所当然的事。但是，抓几条眼镜蛇，自己开始繁殖，就简单多了——这样一来，你不用去捕捉，也可以拥有源源不断的眼镜蛇了。如果有人决心做这宗买卖，只需要自己繁殖一批眼镜蛇，杀掉一些，拿到赏金，把手洗干净，并循环往复。

梅赫罗特拉的故事继续往下讲，政府听说了这套把戏，只好结束了赏金制度。不幸的是，养蛇人手里留下一堆一文不值的毒蛇。他们没有杀蛇的动力，也不想冒着被咬的风险。所以，他们没有杀掉蛇，还把这群非法生物放生，无疑是火上浇油。

今天，"眼镜蛇效应"用于指一项原本目标明确的计划，却收到了意外的后果。

延伸阅读 _____

梅赫罗特拉的故事也许是杜撰的。但是，我们知道，眼镜蛇效应却是真实存在的。2003 年，在学术期刊《法国殖民历史》上，加州州立大学萨克拉门托分校的历史学教授迈克尔·范恩发表了一篇论文，题为《老鼠、大米与比赛：河内的老鼠大屠杀》。19 世纪末，法国控制越南，并为河内建起污水管道系统——随之而来的，还有老鼠数量的暴涨。后来，灭鼠药也无法控制局面。河内的法国管理者推出了捕杀老鼠的奖励制度。只要拿来老鼠尾巴，就可以获得奖励。然而，政府发现，就在城郊地区，兴起了一项家庭农业——有助于轻易收获老鼠尾巴的老鼠养殖业。于是，奖励制度也被叫停了。

————————

死亡就在身边：
一个叫蛇岛的地方

    在巴西圣保罗海岸，有一座大凯马达岛，也叫蛇岛。这座岛上没有人居住，遍布着一片大约 110 英亩的树林，唯一的建筑是一座废弃多年的灯塔。大凯马达岛属于热带岛屿，但是，巴西海军却特别禁止人们上岛。为什么？因为大凯马达岛上聚集着几十万条金矛头蝮蛇——这是一种你不会靠近的毒蛇。

    金矛头蝮蛇是大凯马达岛的特产。这种蛇一般两英尺长，最长能达到四英尺。而且，它的毒性非常强。

    通常情况下，在巴西，因为毒蛇咬伤死亡的案例中，有 90% 的罪魁祸首是矛头蝮蛇——比金矛头蝮蛇更常见的品种。被矛头蝮蛇咬伤后，如果不接受治疗，死亡率是 7%。即使接受治疗，伤者也不一定能活下来。人们被矛头蝮蛇咬伤后，即使注射了抗蛇毒素，也有大约 3% 的概率死亡。毒液会造成一系列症状，包括肾衰竭、肌肉组织坏死、脑出血、肠道出血等。可以肯定的是，都是很吓人的症状。

关于被蛇咬伤后的病情，还没有官方记录，更不要说金矛头蝮蛇造成的死亡了。由于小岛的隔离状态，人们得以远离这些致命生物。事实上，我们有理由相信，金矛头蝮蛇比岛上的其他矛头蝮蛇危险得多。根据一项化学分析，金矛头蝮蛇毒液发病速度更快，威力更强——大概比普通毒蛇的威力强五倍。在一座荒岛上，如果受到金矛头蝮蛇的攻击，想要活下来几乎是不可能的。

保命的唯一方法就是避免接触这些两英尺长的怪兽。这也是蛇岛禁止游客参观的主要原因——上了岛，遇到金矛头蝮蛇是必然的。根据最保守的估计，在大凯马达岛上，金矛头蝮蛇的密度可以达到每平方米一条。其他人认为，每平方米土地会有五条蛇。然而，阿特拉斯奇妙之旅网站指出，即使保守估计，"你离死亡也不会超过三英尺"。

延伸阅读 _____

禁止游客参观蛇岛的另一个目的是保护蛇群。国际自然保护联盟（IUCN）推出了《濒危物种红皮书》，给出了最接近灭绝的物种列表。《红皮书》将"濒危"物种分为三级，危险等级从低到高分别是"易危""濒危"和"极危"。IUCN认定红矛头蝮蛇属于"极危"，因为它满足两个关键标准：栖息地只有一个，且不足 100 平方千米（蛇岛）；由于人类的干涉，物种的栖息地正在缩减。有一段时间，巴西想烧掉蛇岛，把它转化为一块香蕉种植园。这样的计划最终没有实施。2004 年以后，金矛头蝮蛇的数量一直保持稳定。

————————

"死得其所"：
无家可归的纽约人死后怎么办

    纽约市住着大约 700 万人口。和其他地方一样，这些人也都面临着生老病死。有些人去世时没有家庭，也没有钱。在纽约，每年都会有几千人孤独地死在市区医院里。但是，这些人的故事没有因为死亡而终结。纽约会怎么处理尸体呢？

    答案是什么？他们会被埋在哈特岛上。

    哈特岛位于长岛海峡的西部，距离布朗克斯区有几英里远，距离皇后区稍远一些。多年来，这座 131 英亩大的小岛一直无人居住——至少没有活人居住。1869 年，纽约市把这座小岛用作墓地，埋葬没钱下葬到其他地方的死者。131 英亩的小岛上，现在的墓地面积大约为 101 英亩——这是世界上靠税金维持的最大的墓地。

    超过 85 万名死者埋在哈特岛上，每年还会新增大约 2000 人。一小部分墓地里埋着肢解的尸块。大约三分之一的墓地里埋着很小的孩子。除了"特殊孩子 11985 号"——纽约市第一个死于艾滋病的孩子外，所有尸体都埋在乱葬岗上。孩子的尸体埋在沟里，每条沟里可以埋 1000 具尸体。而成人的尸体会分别埋在在三个区域，每条沟里大约埋 50 具——如果后来有亲人认领，通常会挖出来。

想知道某具尸体的埋葬位置该怎么查？想知道答案，就要仔细查阅纽约管教局的记录——小岛的管理方式也很怪异。每一年，由于考虑到埋葬大约 2000 具尸体（或尸块）的费用，纽约会让服刑人员来干活。来自纽约赖克斯岛监狱的犯人会被送到哈特岛，以每小时 50 美分的价格埋葬尸体。从 20 世纪 50 年代起，就不举行任何形式的葬礼；墓地甚至也不会标出里面埋着谁。

纽约通常不允许游客或媒体看到岛上现存的遗址——他们指出，由于犯人曾在那里干活，要考虑安全问题。唯一的例外是死者的家属。即使这样，家属访客也必须由纽约管教局调控。在没人陪同的情况下，游客不允许参观墓地。

延伸阅读 _____

据传，哈特岛经常闹鬼。实际情况当然不是这样。不过，假如你是哈特岛上的一位房主（实情并非如此，因为岛上没人居住），讲了这些鬼故事，却不告诉潜在买家，可能就卖不掉房子。1991 年，美国法庭审判了斯塔姆波夫斯基起诉阿克利的案子。法院审理认为，如果卖家宣传自己的房子闹鬼（在本案里，卖家多年来在当地媒体上宣传房子闹鬼的情况），那么，法院将支持卖家的信仰。闹鬼属于房子的缺陷（假如你不是驱鬼师的话），并且是任何非超自然方法检测不到的。因此，法院认为，如果存在闹鬼现象，卖家必须如实告知买家。在以上案例中，卖家阿克利没有如实告知，所以，买家有权将押金要回。

毁掉弹球机：
什么都可以取缔

　　1933 年，菲奥雷洛·拉瓜迪亚当选纽约市市长，并于次年的 1 月 1 日正式就任。他当上市长后，最先做的一件事就是制裁黑手党活动，尤其是犯罪集团拥有的老虎机。他把老虎机视为犯罪集团的直接资金来源。拉瓜迪亚本人一心想把犯罪机器充公或毁掉，在严厉打击的同时，还请媒体在旁边拍照。

　　但是，尽管被切断了这项收入，黑手党却没有打算放弃聚众赌博。《心理牙线》杂志表示，犯罪集团把目标转向了别处：弹球机。拉瓜迪亚又开始盯着弹球机。

　　拉瓜迪亚一点也不喜欢弹球机。根据《大众机械》杂志的报道，他在给最高法院的书面陈述中表示，弹球机"把学生口袋里的午餐钱都榨干了"。而且，他说得大概也不错。众所周知，弹球机运营者允许玩家用重新比赛的机会和多余的弹球换钱。这样一来，弹球机实际上就是一种变相的老虎机。尤其是当奖金是随机发放，而不是源于玩家技巧时。最后，他宣布弹球机为非法的投机游戏。1940 年，纽约市开始禁止弹球机。

于是，弹球机像许多非法交易一样转到了地下——比如位于格林尼治村和哈莱姆区的低级台球厅、脱衣舞酒吧等。公众对弹球机的蔑视不像对老虎机那么严重。所以，拉瓜迪亚没法得到所有人支持，取缔非法的弹球机窝点——直到 1941 年 12 月，一切才有了改观。

那一年，日本突袭了珍珠港，把美国卷入了第二次世界大战。1942 年 1 月，美国联邦政府发起"支援抗战胜利"（Salvage for Victory）运动，号召美国人把废旧金属用于支援抗战。据《纽约时报》报道，拉瓜迪亚带人搜寻弹球机，以推动抗战支援运动。到了 2 月，他们征用并砸毁了 3000 多台机器，将其中的大约 2500 台转化为一吨金属，用于支援抗战。纽约的弹球机禁令持续了几十年。即使在 1947 年拉瓜迪亚死后，这项活动仍在推行。

弹球机再次引入纽约和其他城市，是受到音乐的推动。1969 年，"谁人"（The Who）乐队发行了专辑《汤米》。专辑讲述了一位"聋哑盲童"尽管身体残疾，最终却成为一位弹球机明星玩家的故事。这张专辑荣登美国公告牌流行音乐榜第 4 名。当年，专辑中的《弹球巫师》登上美国公告牌音乐榜第 19 名。1975 年，《汤米》被改编成电影，重新激发了公众对弹球的需求和兴趣。

1976 年，纽约市恢复了弹球机的游戏——不过，这也许只是因为运气好。25 岁的杂志编辑罗杰·夏普在市议会面前证明，弹球游戏主要看技巧，不是看运气，因此不能被定为投机游戏。市议会要他拿出更有力的证据。于是，夏普走向弹球机，拉回手杆，告诉议会成员，他可以熟练地让球落在中间的槽里。弹球真的落到了他说的位置，议会便投票允许弹球机重新回到纽约市。但是，夏普后来承认，他当时只是虚张声势。

延伸阅读 _____

拉瓜迪亚以打击犯罪的名义，还禁止了什么？洋蓟销售。根据《纽约时报》的报道，1935 年 12 月，拉瓜迪亚宣布正面临一个"严重的威胁"：由于犯罪集团的价格垄断，洋蓟的价格出现了大幅上涨。拉瓜迪亚便下令禁止销售、展示，甚至是持有洋蓟。惊人的是，这项禁令真的起作用了。一年后，洋蓟价格下降，拉瓜迪亚又取消了禁令。

_____

"三岛自由市"：
纽约市想过脱离纽约州

2002年上映的电影《纽约黑帮》，故事取材于19世纪中期。当时，由于南北战争即将爆发，纽约市四分五裂。尽管电影本身是虚构的，许多剧情却源于真实历史。例如，1863年7月，美国决定推行一项军事预案，引发了纽约工薪阶层的骚乱。闹事者与联邦军队的冲突僵持了四天，造成100多人死亡，2000人受伤。骚乱最终被镇压下去。

纽约市不是第一次质疑美国政府的权威了。早在1861年，纽约就想脱离美国，成立一个新国家。

1860年12月，南卡罗来纳州脱离美国联邦政府，并进行了军队调动和人口分割。总的来说，纽约州（引申到纽约市）这样的北方州是反对奴隶制、支持联邦政府的。尽管如此，它们也不是全体一致的。可能只有少数人蔑视联邦政府，希望与南方统一。但是，支持反叛者的群体得到的支持来自高层：市长办公室。

在不连续的两个任期内，费尔南多·伍德市长曾担任过纽约最高行政长官。他是一名"铜头蛇"——指部分北方民主党人希望用和平方式处理与南方的关系，甚至大多愿意继续维持奴隶制。1861 年，南北战争爆发几个月前，伍德认为，联邦政府终将瓦解，这也没什么，反正它对纽约市也不友好。纽约当时最大的产业之一是商业，而大多数商业行为都来自棉花贸易，联邦政府强加的关税会威胁棉花交易的正常进行。不过，即使没有战争，纽约的脱离行为也可能造成贸易中断。（伍德不是废奴主义者——他是臭名昭著的种族主义者，喜欢助长合法奴隶制和非法奴隶制。）

1861 年 1 月 6 日，伍德提议纽约市脱离纽约州，由此脱离联邦政府的控制。伍德的计划是，将斯塔顿岛和长岛（包括当时不属于纽约市的布鲁克林和皇后区）组成一个独立的城邦，名叫"三岛自由市"。他发表提议时，市议会的反应最多也就是不冷不热。不过，议员们也不是全体反对独立。但伍德还没来得及造势，南部邦联就突袭了萨姆特堡①。总之，纽约市开始拥护亚伯拉罕·林肯。1862 年，伍德在市长改选中失败，由乔治·奥普戴克接任。奥普戴克是一位反对奴隶制的共和党人。他担任市长期间，最著名的动作之一就是招募军队，镇压了 1863 年的反军事预案骚乱。

---

① 1861 年 4 月 12 日南方邦联军队在此打响了美国南北战争的第一枪。

延伸阅读 _____

　　上一次有政治家提议纽约市脱州是什么时候？ 2008 年。当时，来自皇后区的市议员小彼得·瓦洛内提交了一项法案。据说，假如法案通过，纽约市就将成为美国第 51 个州。那一周早些时候，纽约市长迈克尔·布隆伯格[1]表示，相比州政府提供的服务，纽约市为州政府多交了 110 亿美元税款。瓦洛内称，脱州是唯一的解决方案，但那项法案最终无疾而终。直到今天，纽约市还是纽约州的一部分。

　　　　　　　　　　　　　　　　　　　　　_____

---

　　[1] 彭博公司创始人，曾任纽约市市长。

南北对抗：
美国内战的缩影

  1861 年 1 月，来自亚拉巴马州的代表召开了一次大会，商议要不要通过脱离联邦的条例——亚拉巴马州脱离联邦的正式文件（每个想脱离联邦的州都用不同的方式，颁布了这样的文件）。结果是 61 票赞成，39 票反对，大会决定退出联邦政府，成为南部邦联的一部分。多数人赞成通过后，几乎所有代表都签署了条例。唯一的例外是 21 岁的教师查尔斯·克里斯托弗·希茨。他是唯一一位来自温斯顿县的代表。

  希茨做出选择后，即使没与亚拉巴马和南部邦联彻底决裂，也变得孤立无援。不过，他准确地表达了家乡温斯顿县的意愿。温斯顿大部分属于山区，不适合一般的种植园农场。那里人口相对较少，奴隶更少；根据 1860 年的人口统计，那里住着不到 3500 位白人和 122 位奴隶（不妨对比一下，亚拉巴马州共有 52 万自由人口和 43.5 万奴隶）。南方集体决定脱离联邦政府，背后的动力来自联邦政府要废除奴隶制——这即使不是唯一因素，也是一个重要因素。温斯顿人担心，种植园主一心希望扩大势力，这必然会牺牲亚拉巴马州的非种植园区，也会影响到温斯顿县的利益。

时间一长，温斯顿对脱离联邦政府的反对呼声就越来越高了。随着南北战争的继续，温斯顿政府采取了中立态度，拒绝支持任何一方。温斯顿人不热衷于加入南部邦联，也拒绝效忠于南部邦联。随着区域内的南部邦联行动越来越激烈——例如强制征兵，温斯顿人越来越不接受南部邦联，转而支持联邦政府。希茨本人由于支持北方，曾受到南部邦联的关押。温斯顿县还考虑过脱离亚拉巴马州——他们表示，如果亚拉巴马州脱离联邦政府，温斯顿县就决定脱离亚拉巴马州。这项决定在整个区域散播开来。于是，许多人认为，温斯顿县已经宣布独立成国，既不属于北方，也不属于南方。

但是，这项决议一直没有通过。这主要是因为，在温斯顿县，南部邦联仍然拥有大量的支持者。温斯顿县变成美国的一个缩影，南北双方的支持者抓起武器，毁掉资产，互相遏制对方的命运。1862 年，北方军队闯入亚拉巴马时，一些温斯顿人加入联邦政府军队，成为亚拉巴马第一支骑兵团。后来，这支骑兵团在威廉·特库姆赛·谢尔曼的带领下，执行了著名的向海洋进军计划。另一些温斯顿人加入南部邦联家园卫队，跟踪追捕逃兵，成为反抗联邦政府的最后一道防线。没加入骑兵团支持的联邦政府的人就自创家园卫队，加入区域内的战争中。

现在，温斯顿县最为人称道的是，它是一个脱离南部邦联的县（尽管实际上并非如此）。即使当地居民也经常称它为"温斯顿共和国"或"温斯顿自由州"。这个故事得到了广泛传播，许多小说都曾提及，包括小说《杀死一只知更鸟》和电影《纸月亮》的原著小说《艾迪·普雷》。为了纪念温斯顿县战时特有的分裂文化，他们的战争纪念碑是一个年轻战士的雕像——衣服风格一半来自联邦政府，另一半来自南部邦联。

延伸阅读 _____

　　1937 年，亚拉巴马的一家房地产公司起诉了伯明翰市。该公司称，在紧挨他们地产的停车位上，伯明翰市新放置的停车计时器是违反宪法的。更确切点说，他们需要付费才能停车。所以，地产公司认为，这妨碍了他们使用地产的权利，属于非法侵占地产的行为。令人惊讶的是，亚拉巴马最高法院居然支持了地产公司的诉求。

_____

无主行李：
丢失的行李去哪儿了

　　坐飞机出行常常要面对一个风险：丢行李。这虽然是小比例事件，但也很常见。根据《康德纳特斯旅行家》杂志的报道，每一年，美国航空公司要处理 4 亿件托运行李，光是美国国内航班丢失的行李就达到 200 万件。这是一个较小的比例，大约占到总行李数的 0.5%。而且，大多数失主都能在 48 小时内找回遗失的行李。五天内，200 万件遗失行李中，有 95% 的行李能找到失主。但是，有一小部分行李最终找不到失主——有 5 万到 10 万件。

　　这些行李会被怎么处理呢？送到亚拉巴马州。

　　斯科茨伯勒是位于亚拉巴马东北角的一座小城。它距离佐治亚州和田纳西州边界大约 30 英里，人口不到 1.5 万人。每一年，大约有 100 万游客会来到这座小城，大多数来到"无人认领行李中心"。这是一座 5 万平方英尺的商场，对外销售找不到失主的遗失物品。

　　根据联邦法律规定，航空公司如果弄丢行李，有义务帮旅客找回来。一般情况下，航空公司可以顺利找回行李，不过也不是都那么幸运。联邦法律还规定，如果丢失的行李90天内无人认领（或者找不到失主），航空公司还要承担另一项义务：赔偿旅客损失。为了履行义务，航空公司最终买下行李，成为箱内物品的法定所有人。但是，航空公司没工夫卖掉各种物件，比如说半瓶防晒霜、各种尺寸的内衣、女子晚礼服、珠宝，以及一堆其他东西。而且，如果你看见自己的贵重物品，经过航空公司安检和手检，最后居然在某个电商网站上出售，会对航空公司的业务产生负面影响。（想想这样的阴谋论就够了！）航空公司就面对这样一个问题：他们每年要处理几千几万件遗失行李，又不能自己出售。

无人认领行李中心是规模最大、最知名的中介机构，斯科茨伯勒当地人称它为 UBC。里面有一些中间人可以帮忙解决这个问题。UBC 从航空公司手中购买无人认领的行李时，不会当场验货，而是按重量购买。（这非常适用于航空业务，因为航空公司最好不知道遗失行李中装着什么。）UBC 从美国各地的航空仓库运走这些无主物品，送到斯科茨伯勒总部。工人们对物品进行分拣，大约三分之一的物品在这座大商场里上架销售。还有三分之一会捐给慈善机构，剩下不适合销售的三分之一（什么样的物品不适合销售？具体的评判标准不得而知。不过，据店员透露，用过的润肤霜通常会上架销售，而情趣玩具就无法销售了）。大多数物品都会以较大的折扣出售。有时候，店员还会找到未经琢磨的钻石——这是真的。在 40 多年的历史中，UBC 售出了一些遗失的钻石珠宝。

延伸阅读 _____

　　有时，航空公司还会因为遗失行李而躲过一劫——不过，这种情况很少见。2010 年 8 月 25 日，刚果共和国的一个区域航班就是这种情况。那一天，一位旅客携带了会引发灾难的物品。根据 NBC 新闻网的报道，一位乘客在大帆布包里塞了一条鳄鱼，打算到了预定地点卖掉。鳄鱼挣脱了，吓坏了机组人员和乘客，造成飞机驾驶失控。飞机撞上了一栋房子（还好主人当时不在家），除了一位幸存者外，机上其他 20 名乘客全部遇难。鳄鱼最后也没死，不过很快被一位刚果人用弯刀杀死。

_____

寻找"泰坦尼克"号：
军方如何找到世界最著名的沉船

　　1912 年 4 月 10 日，"泰坦尼克"号从南安普敦出发，开往纽约市。我们都知道，它最后没有抵达目的地。4 月 14 日，它撞上冰山，几小时内一分为二，沉入了大西洋底。在 1985 年 9 月 1 日之前，轮船残骸一直没找到。当时，水下考古学家罗伯特·巴拉德在美国军方的考察船"诺尔"号上，发现了"泰坦尼克"号的锅炉残片和主体。

　　不过，"诺尔"号出海的目的不是搜寻"泰坦尼克"号。它按照美国海军的命令，正在执行一项秘密的冷战任务。

　　20 世纪 80 年代初期，巴拉德博士发明了"阿尔戈"系统——这是一台无人操控的水下摄影机，配有各种照明设备，可以在两万英尺的深海区域起到照明作用。"泰坦尼克"号失事的地方位于纽芬兰东南偏南大约 370 英里的海床上，轮船残骸位于大约 12 500 万英尺的深度，正好在阿尔戈的拍摄范围内。但是，要把岸上重 4000 磅的摄影机移到残骸所在地，需要一艘船、一组船员和一大笔投资。

1982 年，巴拉德请求美国海军资助他搜寻"泰坦尼克"号。但是，美国海军不感兴趣，却对发明"阿尔戈"的常规研究比较感兴趣。20 世纪 60 年代，两艘核潜艇——"长尾鲛"号和"蝎子"号沉海。美国海军不知道为什么会发生海难，尤其担心"长尾鲛"号的命运——也许是苏联打沉的。而且，军方想知道两艘潜艇上的核反应堆情况，以及其对海洋环境的影响。于是，美国海军与巴拉德达成了一项协议：由巴拉德找出核潜艇的失事原因，如果时间和经费允许的话，他可以顺便搜寻"泰坦尼克"号。

巴拉德提前找到了"长尾鲛"号和"蝎子"号。（根据《国家地理》杂志的说法，他得出的结论是，"长尾鲛"号是由于管道系统故障沉海的；他无法判断"蝎子"号有没有受到攻击。两艘潜艇的核反应堆都不会对海洋生态产生负面影响。）在美国海军的资助下，他继续根据自己的判断，寻找"泰坦尼克"号的下落。他准确地猜到，"泰坦尼克"号一分为二，并找到了沉船位置，引发了大量宣传和广泛媒体关注。

美国海军开始担忧。由于公众开始关注巴拉德探险，军方担心他出海的最初目的被人发现。不过，很显然，没人想过问这个问题。直到苏联衰落后，巴拉德的秘密任务才对外公开。

延伸阅读 _____

　　"泰坦尼克"号还有两艘姐妹船——"不列颠"号和"奥林匹克"号——它们拥有和"泰坦尼克"号相同的设计，也都遇到了海难。1911年，在爱德华·史密斯船长的指挥下，"奥林匹克"号撞上一艘英国军舰，差点翻船（史密斯也是后来"泰坦尼克"号的船长）。尽管两个船舱落水，但"奥林匹克"号还是顺利返航，没有人员死亡。1916年，"不列颠"号像四年前"泰坦尼克"号的命运一样，沉入了地中海。不过，与"泰坦尼克"号事件不同的是，船上大多数人都幸存了下来——1066名乘客中，1036人幸存。其中一位幸存者是维奥莱特·杰索普护士。"泰坦尼克"号失事时，她也在船上。她是唯一一位在两次海难中都幸存的乘客。而且，前文提到的"奥林匹克"号碰撞事件中，她也在船上。

_____

拯救世界的两位苏联人：
两次避免相互保证毁灭①

1961 年，美国在古巴进行了一系列不成功的运动，试图颠覆菲德尔·卡斯特罗及其政权。其中包括"猪湾入侵事件"，最终都以失败告终。古巴当时的坚实盟友苏联的反应是，与卡斯特罗一起在岛上建立秘密核武器站。古巴离美国大陆也就一步之遥，武装基地一旦完成，那里的所有核导弹都可以攻打美国。

1962 年 10 月 12 日，一架美国侦察机发现了在建中的军事基地，白宫和美国人民陷入一片慌乱。美国认为苏联不能对古巴进行武器支援，强制对古巴进行军事盘查，并建议拆掉古巴军事基地。苏联人公开拒绝美国的建议，当时所有人都很清楚：世界即将面临一场核战争。大约两周后，也就是 1962 年 10 月 28 日，两国达

---

① 相互保证毁灭是一种军事战略思想，是指对立的两方中如果有一方全面使用核武器，则两方都会被毁灭。

成了一项协议，避免了一场灾难。

然而，如果不是因为一名叫瓦西里·阿尔希波夫的苏联海军军官，也许很多人都活不到今天了。美苏双方和解的前一天，阿尔希波夫正在一艘潜艇上，巡查古巴附近的海域。美国海军包围了潜艇，开始投放深水炸弹——这是美国海军惯用的伎俩，目的是让潜艇浮出海面，并不是打算摧毁（假定的）敌方潜艇。

不幸的是，潜艇的艇长要么是忘记了这种伎俩，要么是没意识到——由于位于水下，他无法与莫斯科联系，误以为战争爆发了。根据当时苏军的授权，只要船上有三名高层认可，就可以使用核鱼雷。艇长和三副得出的结论都是使用鱼雷。二副阿尔希波夫持反对意见，并幸运地说服了另外两人。最终，潜艇选择浮出水面，没有引发第三次世界大战。

20多年后，核战争再次差点爆发。20世纪80年代初期，苏联开发了一项预警系统，监测可能到来的核导弹攻击。在这套系统的帮助下，苏联可以及时进行导弹回击。如果没有这套系统，苏联兵工厂可能还没部署，就会面临导弹袭击的摧毁或破坏。规定很简单：如果监测站发现导弹正要袭击苏联，监测站领导要及时通知上级。然后，高层人员再决定苏联要不要发动反击。考虑到当时的紧张状况，他们很有可能反击。

1983年9月26日，监测站发现有一颗导弹来袭。然后，它又监测到四颗。防空军中校、监测站指挥斯坦尼斯拉夫·彼得罗夫做出了一个不可思议的决定：他果断认为，监测系统出现了失误，拒绝向克里姆林宫汇报"袭击事件"。彼得罗夫的判断基于几个关键因素：首先，监测系统是最新投入使用的，被认为有点故障（虽然没有当时的情况那么严重）；其次，彼得罗夫认为，美军袭击至少得用几百枚弹头，不会是五枚导弹。

最终证明，彼得罗夫的判断是对的。由于卫星功能失常，出现了"导弹"误报。卫星系统故障发生几分钟后，地面系统没有任何显示，进一步印证了彼得罗夫的判断。但是，彼得罗夫没把自己当英雄。后来，他表示，他只是履行自己的职责，其实什么也没做——从字面理解来看，这么说也没错。

延伸阅读 _____

1984 年，在广播演说前的试音中，当时的美国总统罗纳德·里根对着麦克风说："美国同胞们，我今天隆重地宣布，我签署了一项法案，将永远消灭俄罗斯。我们会在五分钟内发动炸弹袭击。"由于与大众观念背离，那段试音没有播出，而是记录了下来，后来透露给了媒体。

_____

指责古巴：
美国南部的邻居为何几乎成为最大的替罪羊

　　1961 年 4 月，大约 1500 位美国训练的古巴流亡者入侵了他们的家乡，试图颠覆菲德尔·卡斯特罗的政府。这场现被称为"猪湾事件"的袭击最终以失败告终。古巴民兵镇压了袭击者，其中 80% 的人被捕获，另外的 20% 大部分被杀。这对美国产生了严重的政治影响。可以想象，美国人不太希望古巴卷入战争。此外，其他国家质疑美国对邻国主权的攻击。尤其是古巴没对美国显示任何挑衅，却已经成为美国经济制裁的受害者。

　　但是，当时正处于冷战激烈的时期。美国把古巴视为苏联的代表。在佛罗里达州 90 英里外，就是苏联的一个要塞，这扰乱了美国军方的领导层。美国国防部和军方参谋长联席会议决定，重新激发民众斗志，颠覆卡斯特罗，解放古巴。然而，如果古巴人没有袭击美国，这似乎就无从谈起。而且，这样的古巴人袭击也不会马上到来。

所以，美国国防部和军方参谋长联席会议建议制造一起袭击事件。他们打算捏造一个事件，让公众开始反对卡斯特罗，并支持针对古巴的军事行动。

1962年，美国人制订出了计划，代号"诺斯伍兹行动"（Operation Northwoods）。这项计划的目标简单而明确："使美国置身于明显的防御位置，而这种侵害是来自突袭和不负责任的古巴政府。并且，要为古巴制造一种国际形象，即它正在威胁西半球的和平。"原始文件的标题是《美军介入古巴合理化借口》，附录中列出了具体细节：

- 让支持美方的古巴人伪装成敌方，袭击古巴关塔那摩湾的美军基地（但不会真开枪），事后假装举行葬礼。这项计划可能涉及炸掉停飞的飞机，并/或点燃基地的军火库等明显的破坏行为——假扮的破坏者当然会被"捕获"。
- 在古巴水域内或附近炸掉一艘美国轮船（船上没人），指责是古巴空军或海军炮台所为。
- 以古巴恐怖主义的名义，组建一个牢房，关押目标是美国的古巴难民。根据计划，目标对象可以受到一些身体伤害——到受伤的程度为准，还要击沉开往佛罗里达州的一艘满载古巴人的船只（真实场景或伪造场景）。
- 把美国战斗机喷染成苏联米格战斗机的样子，并骚扰平民。战斗机上大概还会安置民航飞行员，让乘客信服。
- 一架从美国飞往中美洲的飞机，预计飞到古巴领空时被击落。机上声称载着一群大学生，实际上空无一人。

几乎在所有情况中，计划的初衷都是避免造成美国平民死亡。

不过，对于开往迈阿密的"一船古巴人"来说，情况并非如此。不管怎样，"诺斯伍兹行动"中的死亡总人数为零。当时的美国总统约翰·F.肯尼迪驳回了计划，并撤掉了带头人莱曼·兰尼兹尔上将的参谋长联席会议主席一职。

延伸阅读 _____

　　美国对古巴的封港令可以追溯至 1960 年，此后还做过几次调整。（总体说来，美国的禁令越来越强硬。但是，在 2012 年 7 月 16 日，位于迈阿密的古巴人给家乡捐了一批人道主义物资。一艘轮船经美国许可，载着这批物资，驶入了古巴的哈瓦那市。这显示了禁令近期出现了缓和。）在最初的禁令中，没有包括禁止进口古巴雪茄——1962 年，肯尼迪总统签署的一项行政命令中加上了这一条。但是，肯尼迪显然酷爱雪茄。当时总统的新闻秘书皮埃尔·塞林杰说，那年的一天晚上，肯尼迪让他在"明天早上"之前，弄到大约 1000 根雪茄。塞林杰第二天早上给总统弄到 1200 根，超额完成了任务。据塞林杰回忆："肯尼迪露出了微笑，打开抽屉，掏出一份长长的文件，立即在上面签了字。那是美国禁止进口所有古巴产品的政令。从那以后，古巴雪茄在我们国家就属于违禁物品了。"

入侵加拿大：
美国的北侵计划

　　总的来说，美国和加拿大是和平相处的邻国——尤其是1967年，根据《英属北美法》，加拿大正式成为独立国家以后。不过，虽然两国睦邻友好，通常维持着盟友关系，但现实也不是一成不变的。1927年，美国就构想了一个计划。

　　当时，加拿大大部分还处在英国的控制之下。尽管美英两国相处友好——在"一战"中是盟友——但计划赶不上变化。美国担心，英国的魔爪可能会降临到自己身上，即使这只是凭空的猜想。美国不能在毫无防备的情况下被困，所以，美军推出了一项综合抗敌战略——"红色战争计划"（War Plan Red），防止英国占回以前的任何一块殖民地。

　　"红色战争计划"认为，在战争状态下，英国拥有两大优势。首先，英国海军坚不可摧，可以控制海上航道，继而扼住美国出口经济；其次，英国控制着加拿大，可以将其当作入侵美国的临时基地。所以，美国的计划是先攻打加拿大。

具体说来，美军将入侵新斯科舍岛，以拿下哈利法克斯市。美国战略学家认为，哈利法克斯将成为英国海军在北美的焦点。如果计划失败，美国将试着攻打新不伦瑞克省，将新斯科舍岛与大陆地带分离开来。占领这一区域后，美军将把目标指向魁北克市，进而将加拿大分为东西两块。然后是当时控制大部分制造业的安大略省、轨道交通枢纽温尼伯市和太平洋港口控制要道温哥华市。"红色战争计划"重点部署了西半球的军事行动——美国从没打算袭击不列颠群岛。相反，可以说，这项计划的目的是挟持加拿大，逼迫英国达成和平协议，解放它最大的新世界领地。计划尽管没有最终实施，却可能起到了作用。英国从来没打算攻打美国。并且，到了紧急关头，英国愿意让美国接管加拿大——只要美国不封锁不列颠群岛。

1974 年，美国解密了"红色战争计划"，给美加关系带来了一阵阴影——不过，很快就消失了。

延伸阅读 _____

美国不是唯一一个制订洲内战争计划的北美国家。1921 年，也就是"红色战争计划"起草的六年前，加拿大制订了"国防部一号计划"（Defence Scheme No. 1）。根据计划，如果美国入侵加拿大南部，加拿大将发动反击。像"红色战争计划"一样，这项计划也没有付诸行动。但不同的是，"国防部一号计划"比较短暂——1928 年，为了加强美英联系，这项计划中断了。

_____

一头猪引发的战争：
美加两国为何差点因家畜发动战争

美国和英国曾经在两次战争中出现过正式的敌对状态：美国独立战争和 1812 年战争。到了现代，两国一直是盟友。但是，1859 年，双方差点再次兵戎相见，敌对了几个月。当时，一边是400 多名美国士兵和大约 12 架加农炮，另一边是 2000 多名英国士兵和 5 艘英国战舰。

好消息是，这场战争的总伤亡数是 1——而且，是一头猪。

1812 年战争后，太平洋西北部地区大多为英美共同占领。时间一长，两国签订了一项协议——《俄勒冈条约》，两国以北纬49 度为分界线，为美国华盛顿州和加拿大英属哥伦比亚省的现代边境线。温哥华岛是个例外。尽管位于北纬 49 度以南，它却完全在英国的控制之下。《俄勒冈条约》明确指出，两国的划分线是"将温哥华岛和陆地隔开的河道中间"。

问题出在哪儿呢？

圣胡安群岛。

圣胡安群岛，现在属于华盛顿州。这片群岛位于无名"河道"的中间，创造了三条分离的"中间"河道。《俄勒冈条约》签订十几年后，双方都很不认可对方对分界河道的定义。美国认为是群岛西侧的哈罗海峡，而英国则坚持是群岛东侧的罗萨里奥海峡。归属权问题引发了一些现实问题。英国哈德孙湾公司在圣胡安群岛最大的岛——圣胡安岛上建起了一座牧场，正好位于哈罗海峡与罗萨里奥海峡中间。几十位美国人也选在那里定居。

美国农民莱曼·卡特拉就是定居者之一。1859 年 6 月 15 日——两国签订《俄勒冈条约》13 年后——卡特拉发现，一头猪正在拱自家种的土豆。猪的主人是英国哈德孙湾公司的雇员查尔斯·格里芬。卡特拉认定这头猪是入侵者——而且，这种事不是第一次发生了——他一怒之下把猪射杀了。卡特拉要给格里芬 10 美元作为赔偿，但格里芬索要 100 美元。卡特拉收回了赔偿款，并开始觉得，他射杀那头入侵的猪，完全是在维护自身权益。格里芬要求英国官方逮捕卡特拉。相应地，卡特拉和其他美国定居者请求美国军方保护。事态很快失去了控制。两个月内，英美双方开始在圣胡安岛安营扎寨。双方高层都严格命令，不准开第一枪（然而，双方都故意挑衅，希望引诱对方先违抗命令）。

当冲突的消息传到华盛顿特区和伦敦，情况更是到了紧要关头。双方都希望大事化小，同意共同和平开发圣胡安岛，都在岛上设立一个军事基地。1874 年，一个国际仲裁小组宣布，哈罗海峡为美英边界，把圣胡安岛判给了美国。此后，英国很快撤回了自己的军事基地。

延伸阅读 _____

　　两国的军事基地建于 19 世纪中期，现在已经被废弃。两座军事基地加在一起，成为圣胡安岛国家历史公园的一部分。这是唯一一座纪念英国军事基地的美国国家公园，也是唯一一座飘着英国国旗的美国公园。

_____

海上熏肉：
猪游泳的地方

　　巴哈马群岛大约由 700 座小岛组成，散布在佛罗里达东南部和古巴北部。其中有一座岛叫史坦尼尔礁，位于埃克苏马列岛的中心地带，是一座沙土覆盖的礁岛。它是埃克苏马列岛中，少数拥有常住人口的小岛之一。史坦尼尔礁以两件事著称：《007 之霹雳弹》曾在那里取景；它是史坦尼尔礁游艇俱乐部的所在地，成为附近区域的航海中心。

　　这是唯一一个可以看到猪游泳的地方。

　　史坦尼尔礁附近有一座无人岛叫大沙洲（Big Majors Spot）——应该说，那里没人居住，而是住着一群野猫和几群猪。猪是一种贪吃的杂食性动物，逮着什么吃什么。所以，当游客来到岛上，他们扔下的苹果核或者别的什么，就会成为猪的美味。

　　但是，这些猪有点没耐心。多年来，它们及其后代知道，摩托艇的声音就意味着食物。于是，猪们就会主动跑到海边，用狗刨式游向船边，希望得到一两口好吃的。（你要是不相信，可以看看 YouTube 上的许多相关视频。）

猪是怎么跑到一个远离内陆的热带小岛上的？我们也不知道。不过，有这样三种可能性：一场海难把它们带到了那里；农民们来到大沙洲，把自己的猪丢在了那里；或者，史坦尼尔礁和其他岛上居民由于人手不足，把猪放在那里，以最经济的方式养肥，再吃掉它们。

最后一种可能性有什么证据支持吗？到史坦尼尔礁参加一场庆祝，你会发现菜单上有猪肉这一项。

延伸阅读 _____

在美国，麦当劳有一款受人喜爱的烤汁猪排堡。猪也常常因此登上头条。烤汁猪排堡于 1981 年首次问世。它是一份猪肉汉堡，要洒许多烤肉汁，铺上洋葱和腌菜。它的原料不是猪排骨，而是猪肩胛肉。从 2006 年起，限量供应的烤汁猪排堡就成为一款人气很旺的产品，一旦新闻曝出哪里生产这种汉堡，就会在互联网上引起一阵骚动。但是，如果不是麦乐鸡块卖得好，烤汁猪排堡大概根本不会推出。1979 年，麦乐鸡块一经推出，就大获成功。但是，麦当劳没有那么多鸡肉向所有的店面供应。麦当劳前 CEO 在接受《美信》杂志（_MAXIM_）的采访时表示，麦当劳推出烤汁猪排堡只是作为一种备选，尤其是针对中西部的麦当劳店面。

_____

麦当劳诽谤案：
怎么起诉麦当劳

　　在美国，以诽谤提起诉讼时，是很难获胜的，尤其当原告还是公众人物或企业时。美国宪法第一修正案规定了言论自由，比如保护美国公民参与公共利益辩论的权利。

　　但是在美国以外，许多情况下，对言论自由和表达性行动的保护力度就弱得多了。在英国这样的国家，企业就非常容易成功状告别人诽谤。关于这一点，没有比海伦·斯蒂尔和大卫·莫里斯更清楚的了。

　　1986年，一家叫伦敦绿色和平的公司开始在英国散发宣传册（不是著名组织绿色和平组织的子公司）。它指责麦当劳的多项罪责，包括不管第三世界饥饿的儿童、毒害英国消费者、支付工人的薪水极低、残忍对待家禽和其他动物，等等。在随后的几年中，麦当劳试图派人潜入这家公司，想办法让它关张大吉。

　　1990年，麦当劳揪出了发送传单的五个人，并以诽谤罪指控他们。其中，有三个人选择和解道歉，而不是对簿公堂，面临高额的诉讼费用，把一辈子都赔上。但是，斯蒂尔和莫里斯决定迎接庭审。他们接受了公益法律援助，并花费三万英镑为自己辩护（麦当劳为此花费了几百万）。

在英国，被控诽谤可不是件小事。被告要承担的责任是，证明他们的每项指控都是真实的。斯蒂尔和莫里斯由于指控数量多，问题严重，想证明清白几乎是不可能的（谁又知道他们一开始是不是对的）。不过，他们也努力辩护了。在历时 300 天的法庭审理中，他们叫来了大约 180 名证人。

但是，他们败诉了。法庭发现，尽管他们有些指控是真实的，比如薪水低的指控，但是，两人没能证明许多其他指控的真实性（比如，法庭不支持麦当劳向消费者投毒的指控）。麦当劳被判获赔 6 万英镑，后来被告上诉后又减少到 2 万英镑——但是，麦当劳的胜利却付出了巨大代价。对于一家跨国餐饮巨头来说，这笔赔偿顶多算个零头。可对斯蒂尔和莫里斯来说，他们获得了做梦也想不到的关注度，且麦当劳还被许多英国社区厌弃。

英国的诽谤案执法机关也吃力不讨好。根据《纽约时报》的报道，在 2015 年——也就是诽谤宣传册推出 20 多年后——斯蒂尔和莫里斯在欧洲人权法院起诉了英国政府。他们认为，判定他们赔偿麦当劳，违背了 20 世纪 50 年代开始施行的《欧洲人权公约》。在那里，两人获得了胜利——法院判处英国政府赔偿两人 5.7 万英镑，相当于他们欠麦当劳的赔偿，加上其间花费的诉讼费用。

延伸阅读 _____

　　2003 年，歌手及演员芭芭拉·史翠珊起诉了摄影师肯尼斯·阿德尔曼。这名摄影师拍摄了 1.2 万张加州海岸线的照片，其中包括一张她位于马里布的房子的航拍照。她不只是要求删除照片。根据 techdirt.com 的报道，史翠珊引用了反狗仔队法律，要求 1000 万美元的赔偿。但是，结果却事与愿违。在提起诉讼前，那张照片只从阿德尔曼的网站上被下载过六次，其中两次还是来自史翠珊的律师。史翠珊诉讼的消息发出来以后呢？当月的照片下载量增加了 40 万人次。

_____

麦热狗：
为什么在麦当劳买不到热狗

　　快餐通常拥有它的标配：汉堡包和牛肉三明治、炸薯条、软饮料，可能还有炸鸡块或烤鸡三明治作为备选。还有许多"奇异"的产品，比如奶昔、洋葱圈、炸鱼块和炸土豆饼。但是，菜单上很少出现热狗——维也纳炸肉排店（Wienerschnitzel）除外。麦当劳不提供热狗，是有原因的。这得怪雷·克拉克。1954 年，他买下了一家小公司，把它变成了几十亿美元级的快餐巨头。

　　1977 年，克拉克写了一本自传，名为《铁杵磨成针：麦当劳养成记》[①]，详细介绍了他对汉堡薯条做快、做大、做便宜的看法。在书中，他指出，麦当劳总在尝试更新菜单，甚至"说不定哪一天，（菜单上）出现比萨也是完全有可能的"。（之前，麦当劳真的尝试过比萨，还在大约 500 家店面推行，但最后放弃了。根

---

① 英文名为 *Grinding It Out: The Making of McDonald's*。

据维基百科的说法，最近，在美国的三家麦当劳门店里可以买到。三家门店分别位于西弗吉尼亚州的斯宾塞、佛罗里达州的奥兰多和康涅狄格州的纽黑文。）但是，克拉克把热狗列为试验范围外的食物："另一方面，我们压根就不应该生产热狗。我们不知道热狗表皮下面是什么，我们的质量标准不允许这类产品。"

然而，克拉克的命令没能经受住时间的考验。麦当劳在许多市场测试了热狗产品——自然叫麦热狗——其中一家店位于多伦多蓝鸟棒球队主场巨蛋球场（现名罗渣士中心）。显然，在加拿大，最具美国特色的就是在棒球场上吃个热狗了。

延伸阅读 _____

纽约市充斥着售卖热狗、冷饮和椒盐卷饼的手推车。他们的主要产品大概售价几美元，具体价格根据地点稍有不同。根据雅虎的报道，中央公园的摊位每年收入高达 17.5 万美元。2008 年，一位卖家出价 60 万美元，获得在大都会艺术博物馆外卖维也纳香肠的独家权利。

_____

土豆聚会：
炸薯条定价太低的代价

在美国的麦当劳里，一大份炸薯条的价格大约为 2.25 美元，浮动价格在 10 到 25 美分之间。日本的价格也大致相同，通常为 240 日元（大约 2.5 美元）。2012 年秋，日本麦当劳推出促销活动，一大份薯条只要 150 日元（大约 1.55 美元）。促销效果比所有人想象中都要好。

或者说，比任何人担心的情况都可怕——主要取决于你怎么看。

日本文化不喜欢浪费，尤其是食物。盘子里的东西一定要吃完，麦当劳炸薯条也不例外。一大份炸薯条的热量大约为 500 卡路里。因此，一般不可能买两份。至少，你一个人吃饭，或者还有个汉堡时，是不可能买两份的。但是，如果你们是一群人呢？分配好付款金额和卡路里后，就可以买许多炸薯条。

当年 10 月，一群日本青少年就那么做了。他们买了 23 份炸薯条，全部倒在托盘上，进行了一场临时的"土豆聚会"。通常，故事到这里就该结束了。即使餐厅经理抗议这样的暴饮暴食——考虑日本的礼仪文化，也不会出现这种场景——也不至于引起麦当劳外的任何关注。但是，这是新的常态。2012 年，日本青少年跟世界其他地方的青少年一样——他们拍张照片，发到推特上。据视频游戏文化博客小宅网（Kotaku）的报道，东亚其他地区的成千上万名青少年发现后，开始打造自己的"土豆聚会"。

这样的聚会会影响门店的正常经营。一群人突发奇想就聚集起来，打乱其他顾客的正常通行。许多日本人觉得，这是不合礼仪的。但是，有人开始火上浇油，还互相攀比。最夸张的时候，一群日本青少年点了 60 份炸薯条，然后全部吃完了。整个过程发到推特上，收获了几十万粉丝的追捧。

150 日元的促销活动结束后，日本的土豆聚会也就结束了。简单说来，要打破 60 份炸薯条的购买纪录需要 150 多美元。无论在什么地方，这都是很高的价格。但是，不知道为什么，韩国人就可以接受这个价格。根据 msn.com 上的一篇新闻报道，一群韩国青少年买了价值 250 美元的炸薯条——但是也不算成功。许多人被餐厅经理阻止了，因为，他不想看着自己的店变成马戏团。

延伸阅读 _____

在电影《低俗小说》中，文森特（约翰·特拉沃尔塔饰）告诉朱尔斯（塞缪尔·L.杰克逊饰），在巴黎，足三两芝士汉堡叫"皇家芝士汉堡"——欧洲使用的是公制计量法，"三两"这个词就说不通。其实，文森特的说法不对。在法国（还有比利时和葡萄牙），足三两汉堡配芝士是标配，整体被称为"皇家芝士"。在世界任何国家，足三两芝士汉堡都不叫"皇家芝士汉堡"。

———————

马

"火马女"：
为什么日本 1966 年的出生率会骤降

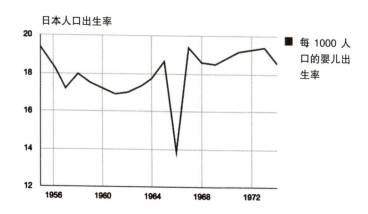

日本人口出生率

■ 每 1000 人口的婴儿出生率

上图显示了日本 1955—1974 年 20 年间的人口出生率。总的来说，这条曲线相对稳定；每个特定年份的出生率大致为 17‰~19‰——1966 年除外。当年的出生率降到 13.7‰，达到 20 年间的最低点。

发生了什么？这要怪"火马年"。

许多日本人信仰生肖（对美国人来说，这就是中国人的星座），也就是 12 个动物每年更迭。12 个生肖中，每一个生肖都代表一种个性——例如，据说蛇的特点是机智，但肆无忌惮；而猴子的特点是好奇心重，但通常比较固执。每年的 1 月底或 2 月初是中国农历新年。这时，生肖也会发生变化。在接下来 12 个月出生的人，也被认为具有当年所在生肖的个性。

在东方世界，中国的五行说是另一个占星学传统。金木水火土中，每一个特征可以代表两年。日本人尤其喜欢使用五行说，修正中国的生肖学。一个普通的蛇年可能变成"水蛇年"（例如 2013 年）。这样一来，一位原本机智而肆无忌惮的人，野心就变得没那么强，也比较健忘。把五行与十二生肖结合起来后，就得到 60 个配对。最终，在中日天文学中，就变成 60 年为一轮回。

1966 年是"火马年"——对许多想当父母的日本夫妻来说，这是一个特别烦心的组合（中国的夫妻可能也是这样。但是，中国没像日本那样公布人口数据）。据说，出生在马年的人通常外向，善于交际。但是，据传说，"火"的修饰词却让他们变得野心过大，过于狂热。他们为了实现野心，甚至不惜牺牲一切。1966 年，根据日本文化，生男孩还可以，但生女孩就是一场诅咒。据说，"火马女"容易克夫克父，具有很强的破坏性。

孩子的性别没法选择。所以，日本人直接选择少生孩子。根据雅虎的一篇报道，不仅日本是这样，朝鲜、中国等亚洲国家当年的婴儿出生率也会降低。在那一年，各种报道都表明，禁欲、流产和出生控制的情况都会增加。此外，上图表明，许多家庭制订了一个多年的生育计划。火马年前后的几年，婴儿出生率明显较高。

由于几十年来，"火马年"都不受人欢迎，直到现在，大多数情况下还是这样，所以，对于 1966 年出生的东亚女性来说，她们大多数人会谎报出生年份，声称自己生于 1967 年。但近年来，对生肖学的质疑越来越多，火马女的污名已经淡化。这可能是个很不错的势头，因为，2026 年又是火马年。

延伸阅读 _____

在过去的几十年间，日本人口的出生率骤然上升，平均寿命也变长了。人口老龄化的一个副作用是什么呢？会给日本纸尿裤生产带来影响。根据彭博社的报道，2011 年，日本规模最大的纸尿裤生产商尤妮佳，其成人尿裤的销量，首次超过了婴儿尿裤。

_____

南瓜令时：
糖果行业对时钟的改变

　　在 1966 年以前，美国的夏令时是通过一系列州立法和地方法规设定的，常常会引发冲突和混乱。1966 年，美国国会通过了《统一时间法》，将国内的夏令时制度标准化。根据规定，夏令时始于 4 月的最后一个周日，止于 10 月的最后一个周日。但是，这项法规后来又修订了两次。第一次是在 1986 年，夏令时的起点改为 4 月的第一个周日，并于次年生效。后来，到了 2005 年，夏令时的起止点都进行了更改（于 2007 年生效）：夏令时的起点提前了几周，改为 3 月的第二个周日；结束点延后了一周，选在 11 月的第一个周日。

　　在第二次修订中，第二个改变似乎有些奇怪——夏令时的结束日期延后了一周——背后的原因更是令人匪夷所思，居然是：甜南瓜。

　　据说，2005 年改变夏令时是为了节约能源（事实上，这部修正案是《2005 年能源政策法案》的一部分）。但是，许多人怀疑，这样能不能节约能源。《拨快时钟：一年一度的夏令时疯狂》一书的作者迈克尔·唐宁告诉美国国家公共电台："每次国会研究（夏令时），结果都显示我们什么也没省下来。"唐宁接着说，在家或在公司省下的能源，都消耗在路上多出来的汽车上了。因为，人们把白天多出的时间，用来休闲购物了："美国商会永远是最拥护夏令时的。因为，他们明白，只要百货商店亮着，人们就会禁不住走进去。"

但是，商会不是唯一宣传延长夏令时的组织。它甚至不是呼声最响亮的。反应最强烈的应该是糖果行业。对他们而言，从 10 月最后一个周日，改为 11 月第一个周日，虽然只有一周的差别，却能让他们大赚一笔。因为，在每个万圣节，"不给糖就捣蛋"的游戏可以多维持一个小时。

在 1985 年，糖果产业第一次尝试通过少量贿赂——真的非常少——把夏令时确定下来。在听证会开始前，游说者每人拎着一袋甜南瓜，拿进参议院里，给每位参议员的椅子上都放了点。但是，国会的反应却是"捣乱"，继续让结束日在万圣节之前。直到 20 年后，根据 2005 年的法案，糖果行业才如愿以偿。

　　亚利桑那州不使用夏令时。但是，位于亚利桑那州的美国土著纳瓦霍族却使用夏令时。更让人疑惑的是，纳瓦霍族包围着的一块土地上，住着一个土著部落——霍皮族。与亚利桑那州其他地方一样，霍皮族也不使用夏令时。

_____

不给糖就捣乱：
万圣节糖果真的危险吗

　　1983年10月31日，一位咨询专栏作家阿比吉尔·范·布伦——"亲爱的阿比"推出了一个万圣节主题的专栏，题为《给糖果不捣蛋的夜晚》。在专栏中，她想"提醒（读者）"，除了其他情况外，"有些人的孩子会吃到毒糖或嵌着刀片的苹果，因此重伤，甚至死亡"。12年后，阿比的妹妹、咨询专栏作家安·兰德斯也写了一篇有关万圣节的文章，题为《思想扭曲者让万圣节变成危险时刻》。这篇文章也表明了同样的担心。"近年来，思想扭曲的人会往苹果里放刀片，在糖果里投毒，"兰德斯写道，"让孩子吃陌生人的糖果，已经不安全了。"

　　有报道称，有人会把刀片等东西放进万圣节糖果或苹果里（不过，在万圣节发苹果，这个行为本身就很可疑了）。但是，只要稍微看一眼，就能轻松识别危险。相比来看，毒药用肉眼通常看不出来，也很难检测出来。那么，污染糖果更狠毒的方式是下毒吗？

你也没必要担心这些。兰德斯说，"许多报道"确实提到过这种可怕的行为。然而，那几乎全是传言。

几乎全是传言。

在将近 30 年的时间里，美国特拉华大学社会学家乔·贝斯特一直在调查，验证到底有没有陌生人在万圣节糖果里投毒，送给孩子吃。到我创作本书前，有关陌生人这样谋杀孩子的案例，他还没确认过一次。他发现，也有人意外送出有毒的糖果。其中，还有人把灭蚁药当成恶作剧礼物送给青少年（没人受伤）。但是，说有坏人给万圣节游戏带来危险，这只是个误传。唯一确认的是，有人真的试图通过万圣节糖果给孩子投毒。然而，死去的孩子不是别人，而是这个男人的儿子。

1974 年的万圣节，一位名叫蒂莫西·欧布莱恩的八岁男孩死了。他吃的糖果其实被人下了毒。几天前，他父亲罗纳德·克拉克·欧布莱恩填写了一张价值四万美元的人寿保单，受保人是蒂莫西和他当时五岁的妹妹伊丽莎白。欧布莱恩为了摆脱债务负担，采取了一种不可思议的方式。为了获得保险赔偿，他至少要死掉一个孩子。于是，欧布莱恩在"小精灵"牌糖果棒上抹上氰化物，哄他儿子睡前吃掉。

谋杀会让保险赔偿失效，所以，这位父亲只好掩盖自己的罪行。他视别人的生命如草芥——本案中的"别人"是他自己的孩子——为了自己的利益去杀人。根据《休斯敦纪事报》的报道，他把毒糖果也发给了其他四个孩子，包括自己的女儿。他想伪造一起案件，谎称一位疯邻居或变态的工人造成了他儿子的惨死。幸运的是，他的图谋失败了。其他孩子都没有吃到毒药。一部分原因大概是政府反应迅速，另一部分原因就全靠运气了——有位 11 岁的孩子想吃掉"小精灵"糖，却剥不开欧布莱恩密封用的卡钉。

虽然这是个悲惨的故事，但是，有人试图给万圣节糖果下毒，给邻居的"捣蛋孩子"吃，确实只有这一个案例。而且，罗纳德·克拉克·欧布莱恩再也没法做出更多毒糖果了——1984年，得克萨斯州政府对他执行了死刑。

延伸阅读 _____

你厨房里可能也有氰化物。不过，却不是在"小精灵"或其他糖果里，而是在水果箱里。苹果、杏果和桃子的种子都包含氰化物微量元素。(不过，不用担心——身体可以对付少量的氰化物。只有一顿饭吃上一二十个苹果核，才会出现中毒反应。)

_____

独臂土匪：
用胳膊腿赚钱的小镇

　　根据美国联邦调查局的说法，保险公司每年能卖出一万多亿美元的保单。但是，美国联邦调查局还证实，每年因为骗保造成的行业损失高达 400 亿美元，造成每户人家的保险费上升 400~700美元。不过，这难不倒佛罗里达州弗农镇上的人。

　　弗农是佛罗里达州北部延伸区域上的一个小镇，距离亚拉巴马州和佐治亚州不远。它的人口在 500~800 人。近年来，小镇非常贫困，有四分之一的人处于贫困线甚至贫困线以下的水平。镇上的人世世代代如此。但是，在二十世纪五六十年代，有些人发现了一条"脱贫致富路"——通过保险理赔骗取大量钱财。而且，这样做的代价不是一条胳膊和一条腿，而是只要两者失去其一就够了。

　　毫不夸张地说，弗农镇的人会朝自己开枪、炸掉自己的四肢，获取保险赔偿。没人知道这种风气是怎么兴起的——也许是锯木厂干活或犁地时发生的一场意外，也许是为了几十万或更多保费而精心策划的一场骗局。事实上，这也不要紧。因为，消息传出来是这样的：某某人只是废掉一只手或一只脚——也许是胳膊或膝盖——就获得了数不清的财富。于是，这个主意就散播开来了。根据当地《坦帕湾时报》的报道，到20世纪60年代初期，美国因四肢伤残而要求保险赔偿的案例中，有大约三分之二是来自佛罗里达州的弗农镇。

在此期间，一共有50人左右失去了手脚，如果加上出事以后没申请保险赔偿的，失去手脚的人应该有很多。保险公司也试图通过法律制裁这些人，但是，没有一个人被认定为骗保。有一位被指控者尤其过分。但是，根据《泰晤士报》的报道，他没有被判刑，还成为独脚的百万富翁：

> "还有个人从28或38家公司骗到了赔偿，"自由国度人保公司的保险高管穆雷·阿姆斯特朗说，"他是一位农民，常常开着手动挡小卡车，到地里逛游。那一天——出意外的当天，他开着妻子的自动挡汽车，失去了左脚。如果开的是小卡车，他就必须用左脚踩离合。他口袋里还装着止血带。我们问他，为什么要带止血带。他回答说，'地里有蛇，防止被蛇咬伤'。他之前支付的保险费超过他的薪水收入，之后获得了许多赔偿款。而且，他也不是个穷人，属于中产阶级。他从所有公司手中获得了100多万美元的赔偿。很难说服陪审团相信，有人会炸掉自己的脚。"

几年后，一位叫埃洛·莫里斯的电影导演来到弗农镇，希望根据骗保事件拍摄一部电影（初定名为《残疾城》）。但是，面对人身威胁，他最终拍了一部争议较小的电影，谨慎地取名为《佛州弗农镇》。这部备受好评的纪录片着眼于小镇的整体概况，拍摄了社区的许多怪事。但是，影片却没有强调许多人为什么选择截肢。

延伸阅读 ＿＿＿＿＿＿＿

1998 年，一家英国保险公司推出了外星人绑架保险业务：缴纳 150 美元保费，就可以获得最高价值 150 万美元的赔偿。这家公司称，他们已经售出了大约两万份该保单。

＿＿＿＿＿＿＿

"桑格"号：
史上最蹩脚的骗保计划

　　1781 年 8 月 18 日，"桑格"号（Zong）奴隶船从今天的加纳首都阿克拉出发了。船上还有 442 名奴隶，从非洲运往牙买加——它远远地超载了。"桑格"号平安无事地渡过了大西洋，抵达多巴哥岛的加勒比海区域时，一切还算顺利。

　　然后就开始不对劲了。"桑格"号没在多巴哥岛靠岸，而是装上了其他额外的物资。11 月 27 日或 28 日，它经过牙买加时，误认为眼前的小岛是海地岛，就继续向西驶入加勒比海。等到船员意识到失误时，他们已经没有足够的水和食物，让 442 名奴隶活着抵达牙买加了。

　　于是，他们开始把奴隶扔到海里，以获得保险赔偿。

　　从本质上来说，奴隶制把人视为财产。在奴隶贸易时期，针对把奴隶从非洲运到新大陆的业务，保险公司推出了专门的保单业务。在"桑格"号的例子中，如果船主无法把奴隶送到牙买加销售，保险公司要以每名奴隶 30 英镑的价格赔偿。船员和奴隶已经出现了营养不良。442 名奴隶中，已经死去 62 人。11 月 29 日，偏航牙买加刚过去一两天，就有 54 名非洲女性和儿童被扔到海里。12 月 1 日，又有 42 名奴隶遭遇了相同的命运——这次是男性。12 月 22 日，当"桑格"号抵达牙买加时，船上只剩下 208 名奴隶——还不到原来的一半。

　　船主要求保险公司赔偿损失，因为 230 名左右的奴隶在海上"不幸丧生"。但是，保险公司选择了起诉。陪审团站在了船主一方。因为，他们认为，奴隶与牛马没什么区别，船长为了保护其他奴隶，有权把一些奴隶扔到海里。保险公司提起了上诉。幸运的是，上诉法庭发现，船长和船员的航向失误，才导致了恶劣的条件。而且，在 12 月 1 日，42 名男性奴隶被扔到海里前下雨了，水源缺乏的问题可以大大缓解。上诉法庭认为，船员的行为类似谋杀（现代的视角看来，这显然是谋杀），要求重新审理。没有证据表明，后来又进行了再审。保险公司没有赔偿船主——不过，这不是奴隶商人最大的损失。废奴主义者会一遍遍地讲述"桑格"号大屠杀的故事。船员和船主的恶行引发了众怒。

延伸阅读 ————

　　"桑格"号船员错把牙买加误认成了海地岛。现在，海地岛由海地和多米尼加共和国组成。海地是唯一一个由奴隶起义建立的国家。

————

水上革命：
靠劫船摆脱奴隶身份的自由人

美国南北战争中，比较著名的决策之一是北方封锁南部邦联的港口，切断了南方的进口通道，尤其是与加勒比海域和欧洲的往来。封锁战略也不是完全成功的。有一种小型快船被称为"封锁突破者"，它就能穿过守株待兔的北方联邦海军。六艘快船里，有五艘都能躲避危险。然而，"封锁突破者"比普通货船小很多。在交战中，500 艘船组成的北方封锁线最终摧毁了 1500 艘封锁突破船。

封锁战略下，非裔美国人也可能加入北方联邦军队。

1861 年 4 月 12 日，南方军队突袭北方在南卡州的要塞萨姆特堡，南北战争就此打响。南北双方都开始动员男性入伍。但是，直到 1863 年 1 月 31 日，南卡州第一志愿者队和第二志愿者队——首次由非裔美国人组成的两支部队才加入北方阵营。北方领导层由于偏见和猜疑，一直没有征召非裔美国人入伍。主要问题是，普通的白人士兵在不在意身边的战友之前是奴隶，愿不愿意与被解放的奴隶并肩作战。

1862年5月12日晚，南方军船"殖民者"号（CSS Planter）上岸了。由奴隶组成的船员听令留在船上。第二天凌晨3点钟，在舵手罗伯特·斯莫尔斯的带领下，奴隶们开始了摆脱南方阵营的大逃亡。在控制船只后，船员们把船开到了附近的码头，把藏在那里的家人接上船，沿着南卡州海岸线一路往前开。他们靠近一个南方邦联港口时，就像往常一样发信号——于是，港口以为他们在正常地凌晨巡航。

大约凌晨4:30，穿过萨姆特堡后，莫尔斯驾驶轮船直接开向了北方的封锁线。最先发现"殖民者"号的"前进"号（USS Onward）直接瞄准了这艘南方轮船。不过，"前进"号看见对方桅杆上飘着白床单做成的投降旗，就让"殖民者"号靠近了。"殖民者"号上装有四架重型大炮、弹药和机密文件，其中还包括一本密码本和标出查尔斯顿湾区域水雷所在地的文件。俘获"殖民者"号是北方的重大胜利。斯莫尔斯很快成为北方阵营的一名英雄。后来，他还当上了国会议员。

斯莫尔斯的名声大噪，让他见到了北方当时的战争部长埃德温·斯坦顿。斯莫尔斯借机建议让其他非裔美国人入伍，让以前的奴隶通过服兵役进入主流社会。斯莫尔斯成功了。会面以后，斯坦顿向斯莫尔斯颁发了一项命令，允许他在北方控制的南卡州区域，招募5000名非裔美国人。这些人最后组成了南卡州第一志愿者队和第二志愿者队。

延伸阅读 _____

　　萨姆特堡突袭造成的官方死亡人数是两个，都是北方士兵。不过，这两起死亡都不是南方邦联造成的。萨姆特堡由于供给和人员不足，无法阻止南方邦联的狂轰滥炸。轰炸还没持续两天，驻守的指挥官罗伯特·安德森少校就同意投降了。不过，前提条件是，在降下美国国旗时，他的人可以鸣礼炮100响。在仪式上，弹药发生了意外爆炸，造成爱德华·加洛韦和丹尼尔·霍夫两位士兵死亡。

_____

震惊！
老鼠是打败纳粹的功臣

　　20 世纪 30 年代末和 40 年代，战争席卷欧洲大陆。越来越明显的是，以前温和的杀人方式已经不奏效了。1940 年 6 月 22 日，英国政府成立了一个叫特别行动队（SOE）的秘密小组。这是一个间谍组织，主要任务是寻找非常规手段，破坏纳粹的计划。

　　SOE 拥有大约 1.3 万个特务。许多人的任务是支持其他战士，尤其是秘密抵抗运动①中的抗战者。例如，1943 年，位于希腊的四位 SOE 组员，帮助当地的自由斗士，成功地劫持了克里特区的纳粹官员。不过，剩下的 SOE 组员就是负责搞破坏和出主意的。所以，在 1941 年，SOE 购买了大约 100 只老鼠——它们以前都是用来做医学实验的。

　　死老鼠通常没多大价值，还令人讨厌（活老鼠可能更是如此）。在德国和英国看来当然都一样。老鼠喜欢钻上火车，有时还会钻

---

① 第二次世界大战期间被占领国家中的秘密抵抗运动或组织。

进蒸汽机的锅炉房里。锅炉工的职责是添煤，保证足量的蒸汽产生。他们习惯往锅炉里扔死老鼠。所以，SOE 特工就在 100 只死老鼠身上绑了化学炸药。这足以破坏火车的运转和及时送达，但是，又不足以造成大灾难（不会造成大量人员伤亡，甚至启动调查）。随后，这批老鼠被轮船运往了德国。

但是，它们却被中途拦截了。

虽然听起来像要前功尽弃，但最终他们大获全胜。纳粹拦下了第一艘，也是唯一一艘装有死老鼠炸弹的轮船。不过，他们不知道这一点。于是，所有的死老鼠都变成嫌疑犯了。德国锅炉工只好时常检查煤堆里有没有死老鼠。

SOE 总结说，虽然没有按原计划制造一场意外，但由此造成的德国火车效率下降，却是一场胜利。根据《卫报》后来的报道，SOE 的官方消息称，"由此（给纳粹）造成的麻烦，比老鼠炸弹爆炸发挥的威力还大"。

延伸阅读 _____

在火车锅炉房的煤堆里藏炸弹，已经不是什么新鲜事。而且，还不仅限于火车。在南北战争期间，南部邦联发明了一种叫"煤雷"的装置，就是在金属铸件里填满炸药，外面裹上煤。这种装置和老鼠炸弹的作用一样：锅炉工会把"煤雷"扔进锅炉里，造成爆炸。"煤雷"的目标是在南方巡逻的北方汽船。不过，外人不知道它们的威力有多大。在战争结束前，南方军队烧毁了大部分的官方文件。

_____

阿默甘西特突袭：
纳粹对美国的侵略

在第二次世界大战中，美国的主要战场是欧洲和太平洋，只有个别例外。少数战争行动发生在北美大陆，主要以不影响美国本土的隔离战略为主。但是，德国人没有因此把美国本土隔离在战火之外。事实上，在 1942 年 6 月 13 日，四位德国间谍登陆了靠近长岛东端，位于纽约的阿默甘西特。三天后，另外四位纳粹登陆了佛罗里达州的蓬特韦德拉海滩，正好位于杰克逊维尔市的南面。

他们的任务是什么？重创美国的基础设施建设。

八个人被训练成突击队员，攻击目标是：水电站、一家化工厂、俄亥俄河里的船闸，最为重要的，是铁路运输业。位于纽约的地狱门大桥是一座四车道的大桥，可以运载乘客和货物，横跨曼哈顿附近的东河。这是间谍们的重要目标。新泽西州的铁路枢纽纽瓦克也是目标之一。破坏清单上还包括蹄铁曲线——它是穿越宾夕法尼亚州中部的一段铁路，联结了匹兹堡钢铁产业和东部的工业化人口。宾夕法尼亚铁路附近的维修厂他们也不会放过。一旦计划得逞，美国的工业生产就会停滞。

由于两个间谍的变节，突袭计划最终以失败告终。领头的乔治·达施没有按照计划行动，而是径直走进了位于华盛顿特区的联邦调查局自首。和他一起的恩斯特·伯格是位美国公民。两人向联邦调查局坦白了罪行，却被当成了疯子。可是，达施不甘心，又回到联邦调查局，把八万美元摔在桌上——这笔钱是用来执行破坏计划的——这次，他受到了重视。经过几个小时的讯问，伯格和其他六位纳粹都被捕了。

审判很快就开始了。7 月，包括达施在内的八名破坏未遂者被指控多项战争罪，被判处电刑。1942 年 8 月 8 日，六个人被处决，伯格和达施被免除死刑。罗斯福总统将伯格减刑为无期徒刑，达施为有期徒刑 30 年。六年后，战争已经结束了，杜鲁门总统宣布，只要愿意被放逐到美国占领的德国地区，他们就可以被赦免。

两人在没有国籍的状态下度过了余生——伯格活到 69 岁，达施享年 89 岁。美国将他们视为敌方人员，永远也不会宽恕他们，而德国同胞视两人为背弃战友的叛徒。

延伸阅读 _____

入侵美国的德国间谍不止上面提到的几个——因为同伙自首被阻止的也不止他们几个。1944 年 11 月 29 日，德国人埃里克·吉姆佩尔和美国人威廉·科尔鲍弗通过 U 形潜水艇到了缅因州。当年早些时候，科尔鲍弗投奔了纳粹德国。他们的任务不是炸毁任何东西，而是搜集情报，也许还要调查美国的核武器情况。但是，行动最终失败了。科尔鲍弗放弃了任务，见了几个美国朋友，最后到联邦调查局自首了。他和吉姆佩尔都被判处了死刑。最终，他们减刑为终身监禁，直到 1960 年才获准假释。

战争游戏：
被大富翁游戏和牌类游戏释放的战俘

在第二次世界大战期间，纳粹德国获得了许多战俘。这在战争中很常见。纳粹集中营是恐惧的聚集地，而战俘营就相对人性化（注意，只是相对而言）。纳粹甚至允许战俘所在国寄送邮件。特别指出的是，纳粹还允许同盟国向战俘寄送爱心包裹，其中包括扑克和棋盘类游戏等物件。

同盟国把这样少有的机会，变成了一种战略优势。

美国政府与美国牌类游戏公司合作，推出了一种特殊的单车牌游戏。牌里藏着逃跑路线，直接印在卡片上。根据公司官网的描述，卡片受潮以后，上面的胶水就会变淡——一种专门的胶水，卡片的两面就会脱落下来，露出详细的逃跑路线。

英国也用过类似的手段。1941 年，英国情报部门牵手专注做大富翁游戏的约翰·韦丁顿公司，制作了一种特殊版本的经典棋盘游戏。根据《心理牙线》杂志的报道，这套棋盘上有许多秘密。

为了防止被天气干扰，逃跑地图都印在丝绸上，再藏进盒子里。为了协助逃跑，游戏里还暗藏着金属锉刀和磁罗盘。大富翁游戏钞里还藏着真钱——里面有法国、德国和意大利的纸币。

今天的收藏家肯定想入手这样一套棋盘游戏。但不幸的是，现在根本就找不到了。根据美国广播公司新闻网的报道，战争结束后，所有间谍版的大富翁游戏都被毁掉了。

延伸阅读 _____

在越南战争中，牌类游戏也扮演着重要的角色。越共比较迷信，他们害怕黑桃 A。因为，在此之前，在越南的法国算命者用黑桃 A 代表死亡。美国指挥官要求在甲板上放满黑桃 A，美国部队也会在战略要地放些黑桃 A。一些越共觉得晦气，就逃跑了。

_____

导弹邮件：
真正的快递

　　弗吉尼亚州的诺福克距离佛罗里达州的杰克逊维尔大约 600 英里。无论你走什么路线，开车速度有多快，送一份邮件大约都得花上九至十个小时——比如说，从一个市向另一个市寄张明信片。如果你是坐飞机，在没被安全滞留或班机延误的情况下，大概也要超过一个半小时。这已经很不错了。但是，几十年来，邮局都希望速度更快，以大大缩短配送时间。

　　1959 年，美国邮政管理局只用 22 分钟，就把 3000 份邮件从诺福克送到了杰克逊维尔。这是怎么办到的？

　　他们把邮件放到了核导弹上。

　　在 20 世纪 30 年代初到 40 年代，许多邮局都尝试使用火箭技术，加快邮件投递的速度。据说，第一次尝试这样做的是 1931 年的奥地利。但是，他们最终放弃了长期使用。大约在同时，德国商人、火箭科学家格哈德·朱克开始做类似的宣传。他不惜跑到德国和英国，寻找支持他的听众。他在英格兰南部做过几次试飞，结果有好也有坏：其中一个火箭，在途中爆炸了，顺带炸掉了一些包裹；不过，另一次飞行成功地把测试邮件送达。没人购买朱克的服务。不过，有人开始自己研究了。

美国做出了第一次尝试——后来，在 1936 年，被称为"火箭邮件"。美国发射了两枚火箭，穿越纽约和新泽西交界的湖泊。不过，这次的距离设定得很保守，大约只有 1000 英尺。几十年后，邮政部（现美国邮政局）决定正式将其投入使用。1959 年 6 月 8 日，在诺福克海岸几英里外的"巴贝罗"号潜艇（USS Barbero）上，他们与美国海军合作，发射了一颗核导弹。核弹头换成了 3000 个信封——其实，是盖过邮戳的纪念封——里面装着来自邮政总长亚瑟·萨默菲尔德的信件。收件人是艾森豪威尔总统和美国各地的政要、邮政官员。落款全是一样的：邮政总长发自华盛顿。

导弹上午 9：30 发射升空。制导系统设定的降落地点为杰克逊维尔往东几英里的军事港口——梅波特海军基地，它位于佛罗里达州的一个海湾里。大约 9：52，导弹在梅波特顺利着陆，创造了一项成功纪录。邮政总长萨默菲尔德宣布："在人类抵达月球前，导弹就可以在几小时内，将邮件从纽约送往加州、英国、印度、澳大利亚。我们即将开启火箭邮件时代。"

他显然说错了。大多数专家认为，"火箭邮件"的成本太高了。要不然，这还真是个好主意。

延伸阅读 _____

　　邮政总长（Postmaster General）不是上将（General）。同样，卫生局局长和司法部长也不是。在这些语境中，"General"不是名词，而是形容词，表明邮政总长、卫生局局长或司法部长在专业上的全面性。迈克尔·赫兹是本杰明·N.卡多佐法学院的法学教授。他的研究也涉及"司法部长"的问题。按照他的说法，称呼政府领导"General"，根本就说不通。赫兹说，"按照历史、礼节、语法学和词汇学的标准"，这么称呼简直是"大错特错"。

_____

太空邮件：
"阿波罗号"宇航员的生财之道

你可能不会为一个带邮戳的旧信封而非常兴奋。但是，至少在部分情况下，有些信封去的地方，你可能永远也去不了，比如说月球。首先，很有可能的情况是，这些特殊的信封本来是上不了月球的。事实上，如果偷偷运上去的话，一些宇航员可能会下岗。

1971年7月26日，"阿波罗15号"从佛罗里达州的肯尼迪航天中心发射升空。四天后，登月舱抵达月球。太空飞船上有三名宇航员，分别是指挥官大卫·斯科特、登月舱领航员詹姆斯·艾尔文和指挥舱领航员阿尔弗莱德·沃尔登。一同前往的还有641个信封。其中，有243个信封是美国国家航空航天局（NASA）授权的。当时，为了纪念历史性的时刻，制造一些纪念品是太空任务中的常事。（被授权的信封很有可能是250个。不过，由于算错数或一些污损，最终带上太空的只有243个。）剩下的398个是偷偷运上太空的——本来有400个，最后因为污损，扔掉了2个。

在阿波罗任务发布前，德国集邮爱好者赫尔曼·西格尔得知NASA 授权 243 个信封的事情，就看到了商机。他联系了加入美国国籍的德国人沃尔特·埃尔曼。埃尔曼在肯尼迪航空中心一带比较出名，在 NASA 里有许多熟人。他说服三位宇航员，把额外的 398 个信封带上飞船。他们将获得 7000 美元的补偿，同时自己还可以留下 100 个信封。斯科特随身带着一个官方邮戳（用来给那 243 个官方信封盖戳）。等到返回地球时，他也会给那 398 个"走私"信封盖戳。

计划顺利地完成了。信封盖完邮戳后，回到了西格尔手里。西格尔一开始承诺说，"阿波罗号"最后一次任务结束前，他都不会卖掉任何一个信封（根据事情后来的进展来看，他原本要再等一年半）。但是，西格尔没能兑现承诺。根据《发言人评论》的报道，任务一结束，他就开始以 1500 美元的单价销售信封。他总共赚了大约 30 万美元（考虑到通货膨胀的影响，大约相当于今天的 160 万美元）——这当然引发了四面八方的批评。

宇航员的做法并不违法。但是，看到太空英雄变成利欲熏心的投机者，许多人还是表示反对。（一些报道称，艾尔文后来表示，他只是想多挣点钱，支付孩子的大学学费。）美国国会要求 NASA 采取行动。NASA 不让三人再承担飞行任务，没收了 100 个信封，并迫使他们引咎辞职。

几年后的 1983 年，NASA 联手美国邮政管理局，往"挑战者号"太空舱上装了 26 万个纪念信封，执行代号为 STS-8 的任务。"阿波罗 15 号"的船员意识到，这跟他们之前的做法也没什么区别。于是，他们通过法律手段，要求留下自己的信封。根据沃尔登的自传，他们最终与 NASA 和解，要回了信封。到 2011 年，其中一个信封拍卖价为 1.5 万美元。

_____

　　沃尔登参加 "阿波罗 15 号" 任务，获得了两项荣誉。1971 年 8 月 5 日，在距离地球 19.6 万英里的外太空，他走出了第一步。他告诉 CNN，从那个视角，他能同时看到月球和地球。其次，他仍是人类历史上最孤独的人。当斯科特和艾尔文在月球表面时，沃尔登一个人在月球上空的轨道上。在某一刻，他与月球表面两人的距离达到 2235 英里（大约相当于巴塞罗那到莫斯科的距离）。

_____

月亮上的星条旗：
登月后的美国国旗怎么处理

1969 年 7 月 20 日，尼尔·阿姆斯特朗和巴兹·奥尔德林成为首次登上月球的地球人。作为"阿波罗 11 号"上的两位乘客，他们最令人瞩目的行为，就是在月球表面插上美国国旗。国旗旁边是一个牌子，上面写着："公元 1969 年 7 月，地球上的人类第一次踏上了月球。我们为全人类和平而来。"地球上的人们通过实况转播，看到了插放国旗的整个过程。半个多世纪后，它依然是 20 世纪最具意义的照片之一。在接下去的十多年中，没有人再登上绕地旋转的月球。

国旗呢？它肯定不在原来的地方了（而且，外星人也没有拿走它）。

每一次阿波罗任务，都会在月球上留一面美国国旗。但是，"阿波罗 11 号"船员插国旗时，却犯了几个明显的错误，不过大概也无关紧要。其中一个错误是，他们把国旗插得离登月船太近。阿姆斯特朗和奥尔德林从月球起飞，与飞行器指挥舱里的迈克尔·柯林斯会合时，奥尔德林意识到了这个错误。据他后来回忆，着陆舱的火箭点燃时，国旗就倒下了。他认为，在这个过程中，尼龙材质的国旗已经熔化了。我们也不能确认。不过，这是最有可能的结果。

几十年来，NASA 专家和其他研究人员都认为，这次小失误不会产生什么影响。因为他们普遍相信，几年时间内，留下的国旗都会化为太空颗粒或者其他太空元素。但是，这种判断是错误的。除了"阿波罗 11 号"的国旗，其他国旗都还在。

2009 年，NASA 推出了月球勘测轨道飞行器（LRO）。LRO是一艘无人驾驶的飞行器，现在还在围绕月球旋转，并拍摄月球表面的照片。按照设定，LRO 会拍下阿波罗每一个着陆点的照片。2012 年，它拍到了每个着陆点都有阴影。NASA 得出结论说，这些阴影是国旗造成的。

所以，几乎可以肯定，国旗还在那里。不过，现在已经看不出来是美国国旗了。

时间一长，国旗都褪色了。如果是地球上的一面尼龙料美国国旗，挂在外面四五十年，也会从原来的红白蓝，变成粉白青。但是，同样的东西放在月球上，掉色会快得多。因为，月球上没有大气层，太阳紫外线会直射在无人居住的月球表面。

因此，人们普遍认为，月球上的国旗会褪成白色——除了可能已经熔化的"阿波罗 11 号"国旗。

延伸阅读 _____

　　"阿波罗 11 号"的国旗看起来像在迎风飘扬。这是不可能的，因为月球上没有风。那是为什么呢？原因很简单，另一个失误造成了这种错觉。为了让国旗在月亮上飘起，NASA 用一根抗热管把国旗卷了起来。NASA 在国旗的顶端和底端都装了伸缩臂。当阿姆斯特朗展开国旗时，国旗就会自然展开。但是，底端的伸缩臂没有完全伸展，在国旗上形成了一道长期的褶皱（当然，直到阿姆斯特朗和奥尔德林离开，那面国旗熔掉为止）。

_____

月球困境：
宇航员被困在月球上怎么办

有时候，最伟大的计划也会出差错。所以，我们通常会做好最坏的打算。

1969 年夏，尼尔·阿姆斯特朗和巴兹·奥尔德林从登月船上下来，成为最早在月球上行走的地球人。根据 NASA 的介绍，最麻烦的不是登月。相反，NASA 最担心的是，登月船能不能脱离月球表面，回到绕月轨道飞行器上。在那里，负责引航和驾驶的迈克尔·柯林斯正在等着两人返回地球。如果登月船起飞失败，阿姆斯特朗和奥尔德林都会被困在月球上。当时，全世界都在电视上看着他们。

时任总统理查德·M.尼克松的演讲撰稿人是威廉·萨菲尔，他后来成为《纽约时报》的一名专栏作家。他主动起草了一份方案，以及一份尼克松的官方报告，以防灾难发生。报告本身简要介绍了应对方案。首先，用萨菲尔的说法，尼克松将呼吁"即将失去丈夫的女士"接受国家的慰问。然后，与月球的联系将会被切断。牧师会像对待海葬一样，做一份祷告，并以《主祷文》收尾。最后，尼克松将向电视观众宣读以下声明：

命运注定，到月球探索和平的人们要留在月球上安息。

尼尔·阿姆斯特朗和巴兹·奥尔德林两位勇士深知，他们已经无法回归。但是，他们也明白，他们的牺牲给人类带来了希望。

两人的倒下，是为了实现人类最宏伟的目标：对真理与理解的探索。亲友会为他们哀悼；国家会为他们哀悼；世界人民会为他们哀悼；地球母亲会为他们哀悼，是她把两个孩子送到了未知星球。

他们的探索，让世界人民万众一心；他们的牺牲，让整个人类紧紧相拥。

在古代，人们仰望星空，在繁星中寻找自己的英雄。在现代，我们同样仰望星空。但是，我们的英雄却是有血有肉的史诗级人物。

后人紧跟他们的脚步，终会找到回家的路。人类探索的热情不会被否定。他们敢为天下先，是我们心中永远的先驱。

在即将到来的夜晚，仰望皓月的每个人都会记得，在另一个世界的某个角落，永远留下了人类的足迹。

这份致辞最终没有使用。直到很久以后，外界还不清楚，尼克松知不知道它的存在。不过，三名宇航员肯定知道这件事。1999 年，为了庆祝胜利登月 30 周年，如今已故的提姆·拉瑟特让奥尔德林、阿姆斯特朗和柯林斯一起登上了《与媒体见面》节目，并向他们宣读了这份声明。

延伸阅读 _____

1944 年 6 月 6 日，同盟国军队成功登陆法国诺曼底海滩，成为赢得第二次世界大战的转折点。现在，这一天被定为著名的"诺曼底登陆日"。如果当时登陆失败，当时的德怀特·D. 艾森豪威尔上将准备做出如下声明：

> 我们计划登陆瑟堡－勒阿弗尔区域，但没能获得理想据点。我已撤回军队。我选择在此时此地进攻，是基于手头充分的情报。海陆空三军勇往直前，不辱使命。如有任何埋怨，需要承担责任，也全由我一人负责。

由于烦心事太多，他在草稿上标错了日期，写成了"7 月 5 日"。登陆取得胜利后，他就把那张纸扔到一边了。但是，一位有历史头脑的助理意识到文件的价值，就保留了下来。20 年后，同样的场景再次上演了：萨菲尔援引艾森豪威尔的决定，起草了一份声明，应对登月计划可能出现的最坏的结果。

完全失控：
诺曼底登陆演习

1944 年 6 月 6 日是诺曼底登陆日——同盟国试图解放纳粹占领的法国，第二次世界大战的命运也变得前途未卜。当天，逾 15 万军队登上将近 7000 艘战舰，在 1.2 万架飞机的援助下，跨过英吉利海峡，登陆法国诺曼底的一系列海滩。到 8 月底，法国已经聚集了 300 多万的同盟国军队。登陆日和规模更大的诺曼底战役是同盟国胜利的决定性事件。1944 年 8 月 25 日，德国将巴黎的控制权归还给了法国。

但是，登陆日就像从来就没发生过一样。

当时的盟军远征部队最高司令部指挥官是美国上将德怀特·D. 艾森豪威尔。在他的领导下，英美联军进入了欧洲西北部。他的职责是指挥登陆日计划。他希望确保一切顺利，就下令执行了"猎虎行动"（Exercise Tiger）。盟军将进行一次入侵演习，将英国南部的斯拉普顿海滩作为临时基地。这次演习将穿过莱姆湾，直接到达斯拉普顿东部。该区域大约 3000 名居民被疏散了。1944 年 4 月 26 日晚，同盟军队开始"袭击"斯拉普顿海滩。不过，事情没那么顺利。

按照计划，这次"入侵"演习要尽可能真实。所以，从 4 月 27 日早上 6:30 起，武装直升机将对测试海滩开始为时 30 分钟的轰炸。上午 7:30，士兵和坦克将从登陆军舰下来。这时候，大炮将进行实弹操作，正好穿过登陆部队的上空。这与实际入侵中没有区别。然而，有些登陆军舰却迟到了，大炮轰炸也由此推迟了。巡洋战舰接到命令，要等到 7:30 再开火，而登陆部队没有接到等到 8:30 再上岸之类的命令。到 7:30，巡洋战舰正式开火，一些陆战队员登陆海滩丧生。

然后，情况变得更糟了。第二天，9 艘德国敌艇恰好来到莱姆湾。英国哨兵觉察到了敌方快艇，但是，为了不暴露此区域盟军防御工事的位置和规模，英国哨兵选择了让他们通过。作为应对措施，英国指挥官提前给"杜鹃花"号战舰（HMS Azalea）发了无线电。当时，"杜鹃花"号正护送 9 艘美国坦克登陆船（LST）穿过海湾。可是，英美军队使用的是不同的无线电频率。"杜鹃花"号以为美国 LST 知道敌艇的事，但其实他们不知道。只有"杜鹃花"号的护航，他们无法抵御袭击。通俗点讲，美国 LST 已经成了活靶子。有两艘 LST 被击沉，两艘被摧毁，直到其他 LST 有效回击，逼退敌艇。许多士兵跳入水中，但救生衣的穿着方法不对；结果，救生衣变得像锚，而不是漂浮装置。总计将近 1000 人丧生。几十年后，史蒂夫·萨德仑向微软全国有线广播电视公司讲述了这场大屠杀。萨德仑曾经是第一次被袭击的 LST 上的报务员。他所在的船着火了，他就跳下船，进入了英吉利海峡。他在冰冷的海水中度过了

四个小时才获救。被救时，他已经因为体温过低而神志不清。他
对当天的回忆是悲惨的：

> 当时就像地狱一样……船四周都是火苗，太可怕了。
> 有的战友快被烧死了，叫声凄惨。直到今天，这场景还
> 历历在目。每当我上床睡觉时，脑海中就会突然浮现这
> 样的场景。我忘不了……敌军穷追不舍，我们不得不反击。
> 有人在喊"救命，救命，救命"。然后，你就再也听不
> 到他们的声音了。

从宏观的角度看，敌舰袭击造成了严重的战略性问题。真正
的登陆日入侵应该是出其不意的。现在，盟军必须掩盖将近 1000
名士兵死亡的事实。这样做也是为了避免受到军事法庭的审判。
他们通知下属士兵，家属被告知死者就是在行动中失踪了。而且，
禁止公开讨论那悲惨的两天。

但是，即使这样也难保不走漏风声。在敌舰袭击中，有十名
士兵走失了。他们知道当日入侵计划的细节。起初，艾森豪威尔
和盟军其他领导决定，推迟真正的入侵计划。他们担心，如果十
人中任何一个被德军俘获，敌方就有可能获取有关这次计划的机
密情报。直到他们的尸体被发现，登陆日计划才恢复行动——这
一次，英美联军优化了救生培训，使用同一个无线电频率。

猎虎行动过去几十年后，事情的大部分真相还一直未披露。在
登陆日之前，它是个秘密；登陆日之后，它就成了旧闻。但是，
1984 年，在斯拉普顿海滩地区，一位居民从莱姆湾打捞起一架沉
落的坦克。人们把坦克作为战争纪念物，并用文字记录了那场悲剧。

延伸阅读 _____

　　跟随第一波部队乘船登陆诺曼底的唯一一位上将是小西奥多·罗斯福，也就是美国前总统泰迪·罗斯福的儿子。在诺曼底战役中，他和他的儿子也是仅有的一对父子同上阵的美国人。小西奥多当时 56 岁。在诺曼底入侵时，他的四儿子昆廷·罗斯福二世（名字取自其已故的叔叔）24 岁，是一名海军上尉。

_____

"如果日"：
纳粹入侵加拿大的一天

    1942 年 2 月 19 日，纳粹入侵了加拿大马尼托巴省的省会和最大城市温尼伯。凌晨 5∶30 起，3500 名士兵开始攻入城市。当时，战斗机已经轰炸了半天，断电时间长达一个小时。从轰炸到攻城，也就刚过去几个小时。上午 7∶00，又来了更多轰炸机。到当天上午 9∶30，该区域的少量加拿大部队投降了。

    马尼托巴省省长、温尼伯市市长和其他官员被送到市区东北偏北的俘虏收容所。侵略军的指挥官埃里希·冯·纽伦伯格接管了马尼托巴省。他颁布政令，将马尼托巴变成了一个实际上的极权国度。

    根据纽伦伯格的政令，马尼托巴现在成了纳粹德国的一部分，每个人都要接受德国的统治——也就是文件上的所谓"大德意志帝国"。纳粹建立起严格的宵禁制度，从晚上 9∶30 到第二天凌晨，马尼托巴人不准外出。公共场所一律不对外开放。禁止八人以上的聚会，即使是私人聚会。每户人家要为最多五名德国士兵提供食宿。许多私人组织被解散，童子军变成纳粹的分支机构。农民出售任何东西，甚至留作自用，都要经过中央政府的同意。所有的汽车、卡车和公共汽车都被"进驻军队"没收。试图出入马尼托巴、组织反抗进驻军、向纳粹藏匿物品、拥有武器、秘密躲藏等行为，不用经过审判，就可以执行死刑。

就在同一天下午的 5 : 30，占领就结束了。一切行动都是假装的。

为了资助本国参战，加拿大像许多国家一样，推出了战时公债。事实上，战时公债就是政府通过借款，支付额外的战争消费。马尼托巴本来需要筹集 4500 万加元；其中，温尼伯的任务占到一半以上。为了鼓励购买所谓的"胜利国债"，一个名叫大温尼伯胜利贷款会的组织设计了一个计划。他们把城市划分为 45 个区，假装发起入侵。几天前，温尼伯人和相邻的村镇就识破了这场诡计，并思考怎样躲避假纳粹的统治——政府的目的不是把人吓死。当你所在的区域按照胜利国债的要求，筹集到目标款项，你和邻居就自由了。

尽管"占领"只会维持一天，胜利贷款会却没有手下留情。教堂不准举行祷告会。武装士兵四处搜寻公共汽车。一所当地小学的校长"被捕"，由一名纳粹鼓吹者接任。城市图书馆前甚至还烧毁了一卷书（有些旧书本来就破损不堪，打算毁掉的）。

媒体称这件事为"如果日"。这次筹资取得了成功。仅仅一天，胜利国债就从温尼伯筹资 320 万加元——大约相当于今天的 4000 万美元。而温尼伯只是一个拥有 25 万人口的城市。在筹款当月，马尼托巴省总共筹集 6000 万加元——超过预定目标的 33%。然而，"如果日"却带来另一个缺憾：招兵难。在"如果日"前的几周，平均每天有三四十个人登记入伍。但是，在这之后，每天的登记人数降到了 20 ～ 25 人。

延伸阅读 _____

　　小熊维尼（Winnie the Pooh）间接上是以温尼伯市命名的。作家 A. A. 米尔恩的儿子克里斯托弗·罗宾·米尔恩有一个泰迪熊玩具，名叫维尼。这就是小熊维尼的原型。但是，维尼熊原来的名字叫爱德华。在第一次世界大战期间，有一个英国骑兵团，把一只加拿大棕熊走私到伦敦，捐给了伦敦动物园。骑兵团的兽医来自马尼托巴省，就根据自己的家乡名，给这只熊取名"温尼伯"。时间久了，"温尼伯"就变成了"维尼"。克里斯托弗·米尔恩喜欢上动物园的新宠，就把自己的泰迪熊玩具改名为维尼。（那么，"Pooh"是什么意思呢？ Pooh 的原型是一只天鹅。）

_____

过时的方形麦片：
最成功的营销方案

在英国和加拿大，谷来宝（Shreddies）是个常见的早餐麦片品牌。麦片由方形的五谷组成，大小和设计都类似于美国的方棋牌（Chex）。谷来宝分为各种口味，跟普通的麦片不一样。麦片起源于 1939 年，是一种营养又减肥的早餐选择。

商家就面对一个问题：如何提升麦片销量？怎么把维持了半个世纪、试过许多次的产品做出新意，做得与众不同呢？

多年来，谷来宝的营销人员通过打广告，取得的成绩有限。多年来，他们以"扫除饥饿，直到中午"的标语，将"直接抵抗日常饥饿"成功确定为品牌定位。2007 年，他们推出了一条电视广告，里面是一整个工厂的老奶奶。这样一款由五谷组成的传统产品，她们能更好地展现其健康养分吗？有时候，谷来宝跟许多其他麦片一样，会在盒子里放些玩具（通常是《汤姆和杰瑞》贴纸）。生产商希望通过这种方式，给父母增加一个购买麦片的理由（也许，愤世嫉俗者会说，给了孩子索要的理由）。

看起来挺好，不过没什么趣味。直到 2009 年，加拿大波斯特食品公司（Post Foods Canada）的一位实习生建议，这个品牌应该做些改变。更确切点说，就是做出一些特殊的形状。具体的营销活动呢？他们工厂里偶然制造了一个全新的产品——钻石谷来宝。

产品当然是完全一样的——钻石形就是方块稍微旋转一下角度。但是，公众不太确定这一点。Post 借助人们期待一种"全新的、改善的"产品的心理来发布产品，再加上一条多媒体广告，宣传这种差别：方形谷来宝"陈旧（无聊）"，而钻石形"新潮（有趣！）"。电视广告里显示了一个恶搞的市场研究小组，组员们都在宣传更美味的钻石形麦片。常规的方形谷来宝下了架，被换成新盒包装的钻石形谷来宝；"研究人员"请买家到现已废弃的 diamondorsquare.com 网上投票，选出偏爱的产品形状。一些人自己操作，偏爱传统的方形产品。所以，最后的最后，Post 对传统派的回应是，推出一款谷来宝钻石"组合装"——把方形麦片和钻石形麦片混合放在同一个盒子里。

这场不经意的广告活动奏效了。根据加拿大《麦克林杂志》的报道，这场营销活动大大提升了麦片的销量。

延伸阅读 _____

如果说哪种早餐比麦片还普遍，那可能就要算咖啡了。但是，咖啡并不是一直那么重要。至少在欧洲不是这样。根据《国家地理》的报道，大概在工业革命前后，西方的早餐才开始配咖啡和茶水。《国家地理》称，在那之前，早餐饮料选的是啤酒。

――――――

薄荷柠檬汁：
逆天的柠檬水公交广告

在美国等地，柠檬水是夏天的标配。无可否认，它几乎算得上夏天的非官方饮料了。它拥有许多种类和组合。对许多学生来说，它还给他们带来暑假兼职。一杯柠檬水价格 5 ~ 25 美分。人们甚至可以说，一代代的广告营销专家，都是从卖柠檬水开始的。

但是，在一个案例中，营销专家要比柠檬水重要。

薄荷柠檬汁是中东地区常见的一种柠檬饮料。它是由柠檬汁、磨碎的薄荷叶和甜味剂混合而成的。这种混合饮料通常会做成鲜榨果汁。它于 20 世纪 90 年代进入公众的视线。当时，一位以色列的广告代理精心制作了一条广告片，描述了当地名人正在饮用的一种绿色柠檬水。当时，广告只在公交车上播放，并收到了明显的效果。口渴的以色列人走到自选摊贩面前，要求尝尝薄荷柠檬汁。

对店员来说，这个要求很难满足。因为，薄荷柠檬汁根本不存在，全是那名广告代理编的。

在以色列的历史上，公交车大部分时候是一种交通工具。但是，想用公交车宣传产品的呼声却很高。可以想见，半信半疑的广告商迟迟不肯掏钱，购买这个广告空间。对于相信公交车内外价值的广告代理而言，他们可能因此受挫。

一位名叫福格尔·莱温的代理就主动请缨，买下一个广告位，希望证明它的价值。

然后，这位代理就杜撰了一款产品。他编造了这款薄荷柠檬汁（至少，给它取了名；它原来可能是一种民间土方），并加以推广。他还签下了足球队员伊莱·欧哈那做代言，广告语是"欧哈那在喝薄荷柠檬汁"。当地普遍认为，欧哈那是以色列最优秀的足球运动员之一。后续的其他代言人也都开始宣传这款杜撰的产品。两周的时间，以色列人都被吸引，要求尝尝这款柠檬汁。

摊贩们同意了。饮料的名字 limonana 非常形象——limon 在希伯来语和阿拉伯语中代表"柠檬"，nana 则代表"薄荷"。人们最想获得的配方，其实是极其常见的配方：就是一杯薄荷味的柠檬水（为什么潜在买家不直接在家里做呢？）。接着，一个新产品就诞生了。

现在，在以色列及其邻国，你都能找到薄荷柠檬汁。而且，美国和加拿大的少数咖啡厅也有供应。此外，公交广告在以色列变成了一种常态。

延伸阅读 _____

　　根据加州大学圣迭戈分校肾结石研究中心的说法，柠檬汁有助于预防肾结石。所有柑橘类水果都包含一种叫柠檬酸盐的柠檬酸衍生物。但是，柠檬中的柠檬酸盐含量却是最高的。而柠檬酸盐可以减缓肾结石的形成。加州大学圣迭戈分校的一项研究表明，每天喝四盎司①柠檬汁（用两公升水稀释），可以减少 80% 以上的肾结石形成。

_____

① 1 盎司 =28.349 5 克。

与命运相约：
灭绝的树恢复生机

人们最后一次见到渡渡鸟是在 1662 年。它可能是物种灭绝的典型。渡渡鸟很久以前就消失了，灭绝了——再也没有出现。总体上来说，那就是"灭绝"的意思。但是，有时候，也会出现例外——朱迪亚海枣树（Judean date palm）就是这种情况。

朱迪亚沙漠（Judean Desert）大概从耶路撒冷延伸到死海。从它的名字就能看出来，这个区域的植物群不多。但是，在 1500 ~ 2000 年前，这个区域生长着大量的朱迪亚海枣树。在 2500 ~ 3000 年前，这种树成为该地区的象征。它不仅为当地人遮阴挡沙，还会结出一种叫海枣的水果。公元 70 年，罗马帝国占领该区域，摧毁了第二圣殿。罗马皇帝维斯帕先铸造了朱迪亚胜利币（Judaea Capta）。铸币的背面就是一棵朱迪亚海枣树。可见这种树在当地的分布范围之广。

然而，这种景象很快就消失了。在罗马帝国的统治下，海枣停止了出口贸易。大约在公元 500 年，朱迪亚海枣树从当地消失了——换句话说，也从世界上消失了。

如果不是因为一件事，这种树可能就永远消失了。第二圣殿被毁的大约一个世纪前，早期的当地罗马统治者大希律王在岩滩上建了一座堡垒，名叫马萨达。直到今天，马萨达依然保存完好，还是以色列最著名的旅游胜地之一。在 20 世纪 60 年代中期，考古人员发现，这里的古代陶器里保存着一些种子。通过碳定年法，研究人员发现，这些种子已经存放了 1900～2000 年。他们把种子保存了 40 年，直到找出成功的方法，让种子萌芽生长。

2005 年，他们真的实现了心愿。种子被放在一种激素泡过的特殊土壤里。八周后，其中一颗种子发芽了。到 2010 年，这棵树虽然年头不长，但已经长到两米高了。朱迪亚海枣树从灭绝的国度回来了。今天，这棵树——它是一棵雄树——还长在以色列南部的一个合作农场上。人们正计划将它与其他品种的雌树配对，希望到 21 世纪 20 年代中期能结出果实。

延伸阅读 _____

在过去的几十年中，中国一面采取多项举措，保护现有森林，另一面鼓励植树。例如，1999 年，中国政府禁止砍伐天然森林。到了 2010 年，中国在植树造林上的年平均投资已经超过 80 亿美元。公众普遍认为，在仍然处于初级阶段的 21 世纪，中国是产生森林净收益的两个国家之一。另一个国家呢？是以色列。根据犹太国家基金会的数据，这个沙漠最广泛的国度现在拥有 2.4 亿棵树。犹太国家基金会负责协调国内的植树项目，任何人都可以资助植树项目，哪怕不是以色列人——每棵树 18 美元，三棵树 36 美元。

————

超级种子银行：
如何防止植物灭绝

想象一下，在北极圈里，有一座冰雪覆盖的挪威小岛，岛上坐落着一栋大楼。这座大楼看起来有点像《帝国反击战》里的场景——也许有一个大门，通向冰天雪地的霍斯星球上的秘密义军基地。像霍斯基地一样，大楼的设计初衷，是保护重要的人或物的安全。但是，与《帝国反击战》故事不同的是，大楼里保护的不是人类。

而是种子。

这座大楼叫什么？斯瓦尔巴全球种子库。它是世界上最大的植物种子储存库。

全世界大约有 1400 座种子库。每座种子库都储存着一套当地的植物群种子。种子库建设的目的是，确保我们可以种植任何植物。如果不这样，植物可能由于废弃、战争和自然灾害等因素，最终走向灭绝。只要种子银行里的种子还在，人类就有机会再种植那种植物。

但是，尽管现存的种子银行很多，但人们在储藏种子时，却没留下许多备用的种子。一个区域特有的植物种子，可能只会在当地的种子银行里"备份"——如果当地出现什么意外，种子银行可能被彻底摧毁。这种情况虽然不常见，但也不是没有听说过。美联社曾报道过，伊拉克和阿富汗的种子银行都是战争的受害者。而在 2006 年台风期间，菲律宾的一个种子银行也毁于一旦。许多非官方组织意识到，只有当地的种子银行是不够的。于是，他们与挪威政府合作，建成了斯瓦尔巴全球种子库。

这座种子库总耗资 900 万美元，距离北极点不到 1000 英里。种子库建立在砂岩山体中。进门以后，向下经过一个将近 400 英尺的通道，就到了种子库的所在地。之所以把地点选在这里，是因为这里罕见地结合了多种环境因素。首先，该区域几乎没有地质构造活动，就极不可能发生地震。其次，到目前为止，种子库位于海平面以上，海拔 400 多英尺。即使冰盖融化，种子库也不会受到洪水侵害。最后，该区域的永冻土有助于冷藏种子。即使种子库断电，种子也可以继续保存一段时间。它俗称末日种子库，也是理由充分的。即使地球上的一切都毁灭了，斯瓦尔巴全球种子库也可能会幸存下来。

截至 2010 年 3 月，种子库里已经存储了大约 50 万类不同的种子。种子库的目标是 100 万类种子，以保证植物品种的多样性。

延伸阅读

　　在亚利桑那州，皮马县的公共图书馆系统不仅对外借书，还对外"租借"种子。这座"种子图书馆"把种子给"租借人"，用于在自己的花园中栽种。但是，当植物长成后，"租借人"要搜集种子，还给图书馆等量或更多的种子。种子图书馆还规定，种子归还"没有期限，也不收滞纳金"。

你必不至于死：
禁止死亡的小岛

古往今来，除了死亡和纳税，各国政府似乎什么都禁止——所以才有了题目中这种说法。但是，挪威的朗伊尔城却试图改变这一点。它是位于斯瓦尔巴群岛的一个村庄。至少，它目前禁止死亡。

朗伊尔城拥有 1500 ~ 2000 人。它是地球上最靠北的地区之一，根本看不出来有人定居。它位于北纬 78.22 度，正好位于北极圈以内。那里到处都是北极熊。可以想象，气温永远都达不到大多数人认为的"温暖"状态。这一点导致了对死亡的禁令。

在禁令颁布前，跟许多地方一样，朗伊尔城的人死后会埋葬。这也说得通——久而久之，死者的尸体就会分解掉。正所谓，尘归尘，土归土。但是，当你处于极低的气温下时，"久而久之"的意思也就变了。而且，对活着的人来说，选择埋葬即使不是致命的，也是危险的。

1917 年，一场流感病毒袭击了朗伊尔城，导致居民大量死亡。这些人死后，被埋在镇上的公墓里。13 年后，有人发现，在朗伊尔城，选择将死者埋葬是个非常糟糕的做法。根据 BBC 的报道，公墓里的尸体并没有分解。冻土防止了身体腐烂。不幸的是，这样也让流感病毒活了下来。

没理由认为，有人因此感染了病毒。然而，这次发现是对城镇官员的警告。如果破坏埋过人的土地，可能会使死者身上的传染性疾病暴发，这样的疾病可能会在整个岛上快速蔓延。官员们意识到，朗伊尔城与世隔绝，无法处理死者，也无法应对其对活人的威胁。于是，他们直接宣布，禁止在镇上死亡。当然了，这项命令没法通过刑罚措施来实施——至少，"禁止死亡，否则后果自负！"的最后通牒听起来很奇怪。

朗伊尔城通过几种方式"防止"人们死亡。1930 年，公墓宣布关闭，不再接受任何丧葬事宜。考虑到气候因素，人口结构普遍年轻。这一点也是说得通的。虽然朗伊尔城听起来也不像是个理想的退休养老胜地，但是，政府更是强调了这一点——该区域没有养老院。

如果你快病死了呢？当地政府会把你空运到最近的区域医院，只有两个小时的行程。

延伸阅读 _____

朗伊尔城是斯瓦尔巴大学中心和许多北极熊的故乡。这些野兽非常凶猛，对人类绝不手软。所以，学生、教师或职工进入斯瓦尔巴大学中心时，会先接受课程培训——步枪射击课，保护自己免受北极熊的伤害。

挪威森林：
木柴也有超级粉丝

在许多欧美文化中，圣诞节生火是一项传统。尤其是使用"圣诞柴"——一种坚硬的大柴火，可以烧上几个小时。1966 年，位于纽约的 WPIX 电视台把圣诞柴带进了直播。圣诞前夕的几个小时中，WPIX 放弃了广告和常规的直播计划。相反，WPIX 进入了纽约市市长官邸瑰西园，拍摄了 17 秒在壁炉里燃烧的圣诞火。录像发回电视台后，成为 WPIX 当年的圣诞前夕节目，并取得了不可思议的收视率。直到 1989 年，WPIX 决定，每年的圣诞前夕，都会拍摄一段 2 ~ 4 小时不带广告的圣诞柴节目。不过，与挪威的故事相比，WPIX 对柴火的钟情根本不算什么。

2011 年，一位名叫拉尔斯·麦汀的挪威人写了一本书，题目为《硬实木：木头砍伐、晾干和堆积面面观——以及木柴燃烧之灵魂》。这听起来像是 10 亿亚马逊书名中的一个。你立即就会发问：谁会买这种东西？挪威一共只有大约 500 万人口。所以，如果麦汀只卖了 5~10 本书，你也不会觉得奇怪。而实际情况呢？他卖了 15 万册。这本关于木柴的专著是一本畅销书。

然后，它被改编成一档电视节目。2013 年 2 月，挪威公共广播公司 NRK 试图把书改编成系列节目。但是，最终，他们制作了一期 12 小时长、可以当天播完的节目。根据《纽约时报》的报道，在四个小时中，NRK 的目标是"探索出挪威木柴文化的核心"。120 万户挪威家庭不是拥有柴火灶，就是拥有壁炉——同时还在锯柴、劈柴、堆柴和烧柴。

那不是节目最有趣的地方。因为，在接下来的 8 小时内——8 小时！——NRK 直播了一个烧柴的壁炉。不过，它不像 WPIX 的圣诞柴一样，只是一段几分钟或几秒钟的录像。NRK 的是直播节目，不是录像。当然，必须有专人负责照看。柴火燃烧的 8 个小时中，看管人要负责往壁炉里添柴，调整柴火，保证火旺。观众们看得津津有味。在直播中，观众人数一度达到 100 万人，那相当于全国人口的 20%。

只可惜，不是所有人都喜欢这个节目。在周五晚节目直播开始后几分钟，麦汀就收到了几十条抱怨短信。他们有什么意见？一半的人希望堆放不剥皮的木柴，另一半喜欢剥过皮的木柴。

延伸阅读 ————

对于不是挪威人的我们，12 小时的木柴节目似乎很奇怪。但是，NRK 一直有播奇怪节目的历史。美国捆客网（Gawker）

告诉我们，还有一些节目，在挪威很火，却找不到多少美国观众。其中包括一个 134 小时的节目，里面是一艘游艇，沿着挪威海岸，开往北极。还有一个节目直播了从奥斯陆到卑尔根市的 8 小时火车旅行。

───────

秘鲁人的节日：
更像搏击俱乐部的圣诞节

在《宋飞正传》①第九季，乔治在圣诞节期间去父母家里，庆祝科斯坦萨家族的传统——杜撰的喜乐节（Festivus）。喜乐节有几个传统。它不用圣诞树，而用铝撑杆。还有喜乐节故事——哪个假日没有故事啊？当然还有晚餐。此外，还有两个专有的活动：体力之战和牢骚发表。

这个节日是由编剧丹·奥基非（Dan O'Keefe）根据其成长经历制定的。他家在圣诞节期间，会举行一次特别的庆祝，以缓解准备圣诞时常有的紧张状态。体力之战——一系列摔跤比赛和牢骚发表都是为了缓解压力。只不过，这些都只存在于虚构世界中，经历这些的是杰瑞·宋飞和几个神神道道的朋友。《宋飞正传》首次播出后，许多人把喜乐节当成一个非正式的节日。不过，其实

---

① 20 世纪 90 年代美国最受推崇的情景喜剧。

它是虚构的。

可以说，除了在秘鲁的一个小省里。

秘鲁的琼比维卡省位于安第斯山脚下，是大约 7.5 万人的家乡。该省有很多农村人口，普遍比较贫困；许多人说土著的盖丘亚语，因为，当地居民仍与印加人时期的文化有着深厚的联系。尽管基督教已经控制了许多地区，但传统习俗通常还会保留下来。其中一个习俗叫打架节（Takanakuy），就是盖丘亚语中"血液沸腾"的意思。在 12 月 25 日——没错，圣诞节当天——当地居民穿上传统服饰，走上大街跳舞。随后，他们会在田里集合，相互殴打。

每次只能打两下。不过，通常情况下，场面会失控。人们带着愤怒，加入一场赤手空拳的搏击比赛。比赛的临时裁判是由当地政府派出的一位便衣成员。根据路透社的报道，甚至妇女和孩子也可以进入搏击场——唯一的限制是，对战双方必须是相同性别、年龄相当。

比赛中允许拳打脚踢。但是，当对方倒地时，禁止踢人。否则，违规者将被判失败。对战双方不需要是仇敌——许多拳击手只是为了打而打。说到底，这是一场文化活动，不是为了泄愤打破别人的鼻子。

而且，没错，参与者出来时通常都流血了。不过，很少听说有人事后报仇的。也许是因为，参与者都知道，他们可以一年后再战。

延伸阅读 _____

2000 年，本杰里公司（Ben and Jerry's）根据宋飞家的节日，推出了一款叫"喜乐节"的冰激凌。根据《心理牙线》杂志的报道，它是"一种带有姜饼块和姜味焦糖的红糖肉桂味冰激凌"。不幸的是，你没法把它买回去当喜乐节午餐——这个口味已经停产了。除非发生喜乐节奇迹，否则，本杰里公司是不可能重新生产的。

_____

让人尖叫的冰激凌：
冰激凌头痛病的由来

　　翼腭神经节疼痛（sphenopalatine ganglioneuralgia）听起来像是可怕的疾病。当然，它可能会带来疼痛。但是，对我们大多数人而言，得翼腭神经节疼痛是罪有应得——因为吃了冰激凌。翼腭神经节疼痛的通俗叫法是"大脑冻结"或"冰激凌头痛"，这是指吃冰激凌时，如果吃得太多太快，头顶或额头会感到一阵剧痛。

　　许多人都经历过这个。《英国医学杂志》的一项研究表明，有三分之一的人会得这种病——没错，有人专门研究过冰激凌头痛。这是为什么呢？最通俗的解释是，"大脑冻结"可以说是大脑技能障碍造成的。

　　人脸上有一个三叉神经。它由三支组成：第一支将感官信息从额头传入大脑；第二支将口腔上腭的感官信息传入大脑；第三支负责下颌，但与冰激凌头痛无关。吃冰激凌会造成脸部血管迅速收缩。当冰激凌离开口腔时，面部血管就会升温、膨胀或扩张。

如果你吃冰激凌太快，血管就会跟着快速扩张，三叉神经就会起作用。上腭支神经会向大脑发信号，告诉大脑出问题了。

大脑就会使面部扭曲。这种"错误"是一种叫作"牵涉性痛"的现象。这是因为，大脑弄错了痛感源。这种现象不太常见，不过，心脏病突发时也会遇到。这时，大脑误以为痛感在肩膀上，其实是在胸腔里。大脑冻结发生时，大脑没有"理解"信号的真正含义——口腔中的气温变化。相反，大脑以为信号来自前额。因此，大脑的反馈是，把这种信号转化为一种偏头痛。还好，头痛不会持续很久。

为什么会发生冰激凌头痛现象？至今还是个未知数。但是，我们知道的是，如果你不想体验这种头痛，很简单：吃冰冷食品时慢慢来。

延伸阅读 _____

世界上最大的冰激凌生产经销商是联合利华。他们旗下的品牌包括布鲁尔斯（Breyer's）、本杰里（Ben and Jerry's）、克朗代克（Klondike）、好心情（Good Humor）、波普西克尔（Popsicle）和速瘦（Slim Fast）。

面带微笑：
笑容的潜在作用

　　我们的大脑是非常强大的。我们做的许多事都是在潜意识下完成的。例如，我们高兴时，不用思考就会露出微笑。可是，如果我们故意微笑呢？如果我们有些失落，却仍然微笑呢？

　　结果证明，这是个好主意。微笑其实可以带来快乐。

　　2012年7月，《大西洋月刊》刊登了堪萨斯大学心理研究人员的一项研究。研究小组分别请169名参与者从三个预选表情中选择一个——第一个是没表情或中性表情；第二个是标准的微笑；第三个是一个灿烂的杜乡式微笑①。然后，研究人员让参与者咬住筷子，确保在剩下的实验中，按指令维持表情。

　　表情固定好以后，参与者要参与一系列高压活动，同时完成

---

① 真实的快乐，又被称为杜乡的微笑（Duchenne Smile），是发自内心的微笑，为纪念发现者法国人杜乡（Guillaume Duchenne）而命名。

许多任务。其间，他们要继续咬住筷子。在此期间，研究小组监测了他们的心率，并要求他们密切关注当前的情绪状态。研究人员对比了他们的心率、情绪状态和面部表情。得出的结论是，一个人的微笑越灿烂，他就表现得越镇定和放松——即使每组都接受了同样压力的活动。

证明"微笑越多，快乐越多"的研究不止这一项。2011 年，《科学美国人》上刊登了一篇研究论文。研究涉及 25 位女性，其中半数正在接受肉毒杆菌素治疗。在肉毒杆菌素的作用下，十几位使用者都不会皱眉。结果显示，她们比另外一组的压力和焦虑程度都低——即便她们对其他问题（比如觉得自己的魅力有多大）的回答，几乎与控制组的回答一样。

类似地，根据 howstuffworks.com 的说法，1989 年，密歇根大学的一位心理学教授也做过一个实验。他请被试者发出长元音 ə：，记录下他们的情绪状态。然后，再让他们发出长元音 u：，再记录下他们的情绪状态。总的来说，被试者在发诱导微笑的 ə：音时，要比发诱导皱眉的 u：音要快乐。所以，古语"笑一笑，十年少"的建议真的值得一试。你如果想多点快乐，就试着多说"茄子"。

延伸阅读 ＿＿＿＿＿

1948 年，由于严冬的影响，爱达荷州波卡特洛市市长发布命令，要求市民微笑（他也许没意识到，这个想法是很科学的）。这项命令一直没有撤销，但是被遗忘了将近 40 年。直到 1987 年，一位当地记者发现了它。当年，波卡特洛市重新启用了那项命令，并自封"美国微笑之都"。波卡特洛市还设立了每年的"微笑日"活动。在微笑日，政府开玩笑说，谁不笑就把谁抓起来。（而且，当周结束时，城市还会举行盛大的聚会。）

─────────

完美犯罪场景：
最容易逃跑的美国城市

　　如果住在美国，你可能会熟悉《人权法案》保障的一些基本权利——比如，言论自由权、宗教信仰权、新闻出版权、反自证其罪权，以及犯罪嫌疑人接受审判时，可以要求陪审团中有自己的同龄人。但是，你知道最后一项权利意味着什么吗？远比你想象的复杂。一个涉及大型国家公园的陌生法律难题，可能造就一个完美犯罪场景。至少，来自密歇根州立大学法学院的法学教授布莱恩·卡尔特是这样认为的。

　　那它是怎么形成的呢？

　　假如说，你被指控犯罪——但愿不是真的这样。美国宪法规定，"审判应在发生犯罪的州进行"（参见美国宪法第三条第二款）。这种描述非常直接。第六修正案规定，审判必须"在发生犯罪的州和区进行"。描述得依然很清晰。你如果不是律师，唯一不清楚的可能是"区"这个字。

美国联邦法院是按"区"划分的，与州是一一对应的关系。康涅狄格州只有一个区：康涅狄格区。纽约州有四个区，使用方位区分。例如，"纽约南区"包括曼哈顿、布朗克斯和州内的六个县。怀俄明州也只有一个区，覆盖了整个州。但是，不知道为什么，美国国会决定，把位于爱达荷州和蒙大拿州的黄石国家公园部分，也归入怀俄明州。这就是完美的犯罪场景。

所以，当你被指控犯罪会怎样？想象一下，你犯罪的黄石公园部分，是位于爱达荷州。你的陪审团会来自哪里？它必须来自发生犯罪的州（爱达荷州）和区（怀俄明州）。同时满足两个条件的唯一区域，就是位于爱达荷州的那一小片黄石公园区域。那个区域的人口有多少呢？

一个也没有。

碰到这样的陪审团，真是交了好运。

延伸阅读 _____

在 2008 年美国总统大选期间，四位主要政党候选人一起走访了 50 个州中的 40 个。根据"政治家"网站的报道，当时的参议员奥巴马和麦凯恩在宣传上的总花费超过 10 亿美元。那一年，两人都没有拜访爱达荷州和怀俄明州。爱达荷州总共只收到 702 美元的竞选宣传费——其中，268 美元来自奥巴马，100 美元来自麦凯恩，还有 334 美元来自支持麦凯恩的共和党。相比之下，两人在相邻的蒙大拿州耗资将近 200 万美元。而在正面交战的俄亥俄州，两人的投入更是超过了 5000 万美元。

非常嫌疑犯：
纽约市警察局还招"嫌疑犯"？

　　1995 年的电影《非常嫌疑犯》获得了奥斯卡金像奖两项大奖——编剧克里斯托夫·迈考利荣获最佳原创剧本奖，演员凯文·史派西获得最佳男配角奖。电影围绕着五名重罪犯的故事展开。当时，五人不知道为什么，突然被纽约市警察局放在了一起。这个奇怪的组合引起了五人中的迪恩·基顿的注意。在他看来，很显然，警方没有任何证据指控五人有罪。在电影里某一刻，基顿和同伙米高·麦克马纳斯谈到了这个特殊的组合：

　　基顿：整件事就是个圈套。

　　麦克马纳斯：你怎么那么说？

　　基顿：你跟其他重犯一起受审过吗？和你一起抓进来的通常都是四个傻瓜。警察局经常给流浪汉每人十美元来扮演嫌犯。他们不会把五个嫌疑犯放在一起的。不可能。

基顿说得没错——有几分真相。纽约市警察局确实会以每人十美元的价格，寻找"嫌犯替身"。不过，他们找的不是流浪汉。通常情况下，尤其是在布朗克斯区，他们的支付对象是罗伯特·华生。

2011 年 10 月，根据《纽约时报》披露的一份档案，罗伯特·华生是一位四十五六岁的普通人。他非常喜欢椰子酒。他不是一名正式的警察，而是一名非正式成员。他会与社区的警察合作。华生得到这份"工作"，是出于一点运气——他原本无所事事，只管自己的事。这时，一位警察给他提供了一份固定薪资，让他加入警察阵容。然后，这位警察还提高价码。他告诉华生，如果华生带几位朋友一起来，就再奖励他几美元。华生意识到，赚的虽然不多，却是一笔收入。于是，华生给警察局当起了猎头。而且，他当上了代理人，专门负责物色人选，让他们假扮嫌犯，坐在椅子上等证人。

大约 15 年的时间里，华生随叫随到，为纽约警察局扩充阵营——只不过，他找的不是犯罪嫌疑人，而是没有任何案底的人。华生提供的人选与被指控者肩并肩坐着。受害者或目击者看过以后，选出一个心目中的犯罪嫌疑人。如果选出的是被指控者，就对原告有利；如果被指控者没被选中，就对被告有利。

华生的主要收入都来自与纽约警察局的私下联系。每提供一个人选，他可以获得大约 10 美元的奖励。替身本人也会有收入（有时，他本人也会参加，赚点外快）。生意好的时候，他一天能提供四个人选；生意惨淡的时候，他会空手而归。这笔生意的收入水平没有对外公布，但是据估计大约是每年 1 万美元。而且，只要这笔大买卖不丢，他就不会因公共场合酗酒罪被捕，因此也躲避了麻烦。

根据《泰晤士报》的报道，他拥有一个庞大的社交网，认识许多非裔美国人和西班牙裔男女。他甚至可以根据面部毛发是否旺盛，向警局提供人选。但是，尽管华生善于为警局补充人选，他也不是完美的。当需要白人时，他就束手无策了。他告诉《泰晤士报》，"他们让我找白人，可我不认识白人"。而且，华生表示，《非常嫌疑犯》里的对话很贴近现实："他们会去收容所找白人。"

延伸阅读 _____

辨认罪犯的另一种方法，当然是指纹识别了。如果想掩盖指纹，不妨考虑将其换成考拉的指纹。因为考拉和人类的指纹非常类似，即使专业人员也很难区分开来。

_____

收缩的皮肤：
手指沾湿以后为什么会起皱

你的手指在浴缸或水池里待久了，肯定会像葡萄干一样收缩起皱。我们都遇到过这种现象。但是，这是为什么呢？我们的手指沾湿后，为什么会起皱纹？

长久以来，大多数人认为，这是受到吸收作用的影响。根据这个理论，大多数物品接触水或泡在水里的时间长了，都会萎缩或软化。如果是我们的手指泡在水里，它们即使不会永远失去功能，通常也会暂时失去功能——而且，当然还会经历大面积的疼痛。

起皱现象可以阻止疼痛。根据《连线》杂志的说法，皮肤起皱后，可以维持黏着力，因此避免了消极后果。你的皮肤不会脱水，而是正好相反，它实际上吸收了相对较多的水——《连线》描述为"大量"——因此保持了皮肤的技能，将其他器官与周围的残酷环境隔离开。

这个理由即使说得通，也未必是唯一的理由。《发现》杂志最近刊登的一项研究总结说，手指软化后，拥有一项进化功能——

手指起皱后，可以保障在潮湿环境下，我们仍可以抓住东西。有趣的是，这就有道理多了——如果双手在水下泡了很久，身体其他部分也有可能泡在水里。也就是说，我们可能遇到了麻烦，无法从水里出来，回到干燥的陆地上。理论上说，周围可抓的东西都是湿的，摸起来很光滑。如果我们的手指也是光滑的，会加大抓住救命稻草的难度。但是，按照这个理论，如果手指起皱，我们就像有了一套水中人体防滑踏板。

支撑这套理论的，还有一个非常有趣的故事：如果手指神经与身体神经系统切断（因此不受大脑控制），手指在水中就不会起皱。这就等于说，起皱现象是由大脑触发的，而不只是简单地因为吸收作用。

但是，其他部位还会继续软下来——原谅我用了双关。到目前为止，我们无法证明，手指起皱是不是真的有助于抓紧潮湿物体。而且，有明显的证据表明，第一个理论确实发生了——血管收缩、皮肤吸水等。这一点再次表明，还有许多事是我们不知道的。

延伸阅读 _____

通过热量反射测试，水可以用来检查病人有没有出现大脑损伤。通常情况下，当冷水注入耳道时，人的双眼会反射性地朝另一只耳朵"看"。但是，如果注入耳道的是温水，测试对象通常会"看"被注水的那只耳朵。脑干严重受损的患者则做不出同样的反应。

暂时性失明：
照镜子时看不到的东西

　　站在一面镜子前，观察自己其中一只眼睛。然后，头不要移动，再观察另一只眼睛。当你这么做的时候，视觉范围会改变，因为，你看的东西跟以往都不相同。但是，你的双眼似乎并没有转动。

　　现在，找个朋友，重复上述实验。让他告诉你，当你的目光从一只眼转到另一只眼时，双眼有没有转动。朋友肯定会告诉你，你的双眼根本没有转动——这一点很显然。转换角色，这种错觉就很明显了：你朋友盯着镜子时，正在转动双眼——但是，跟世界上的其他人不一样，你朋友这时候看不到物体移动。

　　到底发生了什么？我们的双眼从一个点，迅速瞄到另一个点时，大脑为了避免看到模糊的图像，就会出现"看不见"的情形。这种移动——学名"眼扫视"，读作"sah-COD"——速度太快了，超越了大脑的处理范围。于是，大脑直接忽视双眼看见的物体，这种现象被称为扫视遮蔽（saccadic masking）。大脑没有处理并记录下扫视造成的模糊图像。相反，大脑把那一毫秒的时间，换成了看到的第二件物品的静态图像。如果你双眼跟着钟表指针快速移动，大脑的图像替换现象会造成一种奇怪的结果：你看到的钟表秒针会出现短暂停止，也就是"停表错觉"（stopped clock effect）。在扫视遮蔽期间，我们实际上是失明状态。根据有关统计，遗落在记忆空穴①的这些短暂瞬间加起来，可以达到每天 30 ~ 45 分钟——这样一来，我们人生大约有 2% 的时间，是暂时失明的。

延伸阅读 _____

　　大多数鸟类的双眼都不会移动。为了保证它们在移动过程中看到的世界不会乱跳，鸟类形成了一种本领：即使身体在移动，也会保持头部位置与外界相对不变。所以，家禽、火鸡、鸽子和其他鸟类走动时，会摆动脑袋——它们在保持视线与地面平行。这还有助于保证它们的深度知觉。例如，火鸡的双眼位于头部两侧，因此天生不具备三维视觉；摆动脑袋可以提供额外的视觉信息，帮助它们预计相对距离。然而，这并不是说，它们的视力不如我们人类。与人类相比，火鸡的脖子抻得远得多，可以 360 度无死角地看清物体。

_____

①故意无视或改变关于历史事件或人物的记载。

与火鸡同名的国家：
土耳其国名的由来

每年 11 月，许多美国家庭都会围成一桌，享用感恩节大餐——中间放着一盘火鸡。感恩节是一个盛大的庆祝节日，在历史上，它源于 1621 年。当时，欧洲移民用类似的仪式庆祝丰收（美国小学生肯定会告诉你，他们是"清教徒"）。

火鸡的原产地是美国和墨西哥。事实上，大约 500 年前，欧洲人发现新大陆以后，才第一次见到火鸡。那么，火鸡最后怎么跟土耳其用了同一个词呢（Turkey）？我们不妨看看火鸡从新大陆到旧大陆的历史。

据我们所知，第一群发现并品尝火鸡的欧洲探索者，来自 1519 年在墨西哥的埃尔南·科尔特斯探险队。西班牙征服者将新发现的美味带回了欧洲。到 1524 年，火鸡到达了英格兰，并在十年内被英格兰人驯服。到了世纪之交，它的名字——火鸡——正式进入英语中。一个有效的例证就是，莎士比亚在《第十二夜》

中用到了这个词。而《第十二夜》被认为创作于 1601 年或 1602 年。他没有介绍上下文，直接用了这个词。可见，这个词的使用范围很广。

但是，火鸡不是直接从新大陆传到英格兰的，而是通过商船，从地中海东部运来的。当时，该区域大部分属于土耳其帝国，因此，这些商人被称为"土耳其商人"。英格兰人买回家后，根据原产地把这些禽类称为"土耳其鸟"（Turkey birds），并很快变成"火鸡"（turkeys）。直到今天，几个会说英语的欧洲人由于迷惑犯下的错误，仍然被我们沿袭了下来。

但是，不是所有语言都沿袭了这种误解。其他人甚至弄错了来源，走向了另一个极端，比如希伯来人。希伯来语中的"火鸡"直译为"印度鸡"（tarnagol hodu）。这推动了伊丽莎白时期的传说：新大陆的探索者发现了通向东方世界的道路。这个叫法非常普遍。甚至于英语中"火鸡"的历史渊源都变成了笑话。为什么？因为土耳其语中的火鸡不是 turkey，而是 hindi（北印度）。

延伸阅读 _____

　　对于土耳其来说，这个故事没那么有趣。在土耳其语中，Turkey 写作 Türkiye，可以分作两部分。Türk 是指人，可能相当于古土耳其语中的"人类"。后缀 –iye 很可能是指"……的大陆"。

_____

乞丐大餐：
穷人专属的美味

龙虾的价格为 10 ~ 15 美元一磅。即使作为一种美味，它的定价也太高了。即便你把活龙虾买回家自己做，也是一顿昂贵的大餐。所以，对大多数美国人而言，龙虾是特殊场合的保留菜品。一周吃一次就过分了，一周两次更是不可能，也许，只能靠做美梦了。

但是，如果你是 19 世纪早期的一名穷苦工人，龙虾可能就是一场噩梦了。

美国新英格兰海岸盛产龙虾，尤其是在缅因州和马萨诸塞州。清教徒的第一个感恩节，可能吃的就是龙虾。据说，当时，两英尺厚的龙虾堆直接冲到了海岸上。什么东西多，什么东西通常就便宜。今天，在缅因州，你仍然能够以5美元一磅的价格买到优质龙虾——这比其他地方的行价便宜得多。但是，17 世纪到 19 世纪的大部分时间，只有在缅因州及附近海域，人们才能找到新鲜的龙虾。在现已停刊的《美食家》杂志（*Gourmet*）上，已故的大卫·福斯特·华莱士曾经发表过一篇文章。据他介绍，以前，我们还没发明设备，把活龙虾运到美国各地区（后来，还要运往全世界）。当时，和对待其他动物一样，在烹饪前，人们会先杀死龙虾。事先做好的龙虾罐头吃起来并不怎么样。华莱士指出，富含蛋白质的龙虾肉被当作"可以咀嚼的营养品"，并不是我们今天眼里的美味。

许多便宜的食物都不好吃。对于满心欢喜的宾客来说，龙虾罐头不是一道好菜。但是，它可以解决其他问题——比如说，给囚犯和用人吃什么呢？龙虾肉最后就这样派上用场了。华莱士说，有些州规定，囚犯吃龙虾罐头的频率，不能超过一周一次。还有人指出，用人在签约时，通常会要求合同里写明白，吃龙虾肉的频率不能超过一周两次。

活龙虾可以长途运输后，缅因州龙虾罐头厂就开始关门了。19 世纪 80 年代，在波士顿和纽约，龙虾开始成为备受追捧的主菜。在接下来的几十年中，这个传统传遍了全美国。到第二次世界大战时，龙虾正式成为一种高价菜品。大多数食物都被当成了战时配给，但龙虾作为一种美味佳肴，被排除在外。

延伸阅读 _____

通常情况下，同一种食物，价格高的往往比价格低的好吃（毕竟，它们定价更高也是有原因的）。需要活着烹饪的龙虾却刚好相反。龙虾质量主要取决于虾壳的硬度。因为，最近脱去旧壳，长出新壳的龙虾，通常肉质更美味。只可惜，由于它们刚长出新壳，身上的肉最少，也最难运输，所以，这些龙虾通常留在新英格兰当地——通常都是龙虾较常见的地方——消化掉。品质低些的龙虾外壳更硬，身上的肉更多。因此，这部分龙虾被运往世界各地，只针对各垄断市场。因此，欧洲的龙虾肯定比缅因州的龙虾质量差，却是缅因州价格的十倍。

———————

1928 年以来最伟大的发明：
切片面包的历史

互联网、汽车、厕纸，都可以称为自切片面包后最伟大的发明。也就是说，切片面包一定是非常神奇的东西。

事实确实如此。但是，为了惩罚民众，美国政府曾一度禁止切片面包。

切片面包是由机器切成的面包切片。它大概发明于 1912 年。当时，有一个名叫奥托·弗里德里克·罗维德的男人，设计出了自动面包切片机的模型和图纸。但是，模型和图纸最终在一场火灾中被全部烧掉。罗维德没有气馁，根据记忆重铸了机器。1928 年，他让机器运转了起来。到当年的 7 月份，人们已经可以吃到机器制作的切片面包了。产品营销为我们今天使用新词打下了基础。因为，在广告中，罗维德的面包是"自发明包装面包以来，烘焙产业最伟大的进步"。到了 1930 年，奇迹面包公司（Wonder Bread）转做切片面包，首次在全国范围内销售机器切片面包。

不出所料，切片面包的到来，带来了面包销量的增长。但是，二战期间，美国战时经济策略中，首先施行的就是粮食定量配给。可以说，粮食供应的负责人克劳德·维卡德盯上了 100 年间最伟大的发明。维卡德希望减少蜡纸的整体用量——不知道为什么，他认为，切片面包比不切片面包需要更多蜡纸。而且，他还希望降低面包的价格。于是，维卡德下令国内禁止销售切片面包，并于 1943 年 1 月 18 日生效。家庭主妇们立即出来表示抗议。她们认为，由于这项短见的禁令，家庭生产效率受到了重创。因为，在最近的人类历史上，切片面包是最伟大的发明。

当地的政治家开始介入。纽约市市长菲奥雷洛·拉瓜迪亚提议，面包店可以使用切片机，直接向顾客销售新鲜的切片面包。但是，几天后，食物分配协会（Food Distribution Association）阻止了这项提议。该协会要求中止切片面包的所有商业销售。这么做是为了保护一些面包店：他们要么没有切片机，要么希望生产的面包全部用来支持抗战。

不管怎样，禁令很快就解除了。3 月 8 日，美国恢复了切片面包的生产。伟大的切片面包将养育现在和未来的几代人。

延伸阅读 _____

厕纸不是切片面包后最伟大的发明——也不可能是。因为，厕纸比切片面包早发明 50 多年。1857 年，一位名叫约瑟夫·加莱蒂的纽约人发明了可以销售的厕纸。他以每包 50 美分，每包 500 张的价格对外销售（每张纸上都打着他名字的水印）。厕纸的广告语是"当代最伟大的必需品"。所以，也许，切片面包是厕纸以后最伟大的发明。

看数识色：
面包标签的含义

　　走到任何一家杂货店的面包货架旁，你会如愿以偿地找到面包。大多数面包不是简单地摆在货架上。通常情况下，长条面包会装袋，封口处用口绳或塑料标签扎好。你会发现，许多口绳和标签都是带颜色的——蓝色、橘色、绿色或其他颜色。多数情况下，即使是同一品牌的面包，颜色也会不一样。奇迹面包的货架可能有五种不同颜色的标签。

　　是因为懒吗？还是工厂里的色盲很多？又或者是，面包生产商不在乎？不对。可以说，这是一种质控手段。

　　十多年来，互联网上传言，这些标签可以直观地显示面包的生产日期。传闻认为，备货员看一眼标签颜色，就能轻易分辨出长面包是不是新鲜。这样可以节约很多时间。因为，手动地去看有效期很费工夫。根据传言，理论上来说，生产商使用扎口绳，是为了简化超市的工作。这样可以大大减少顾客的不理想购物体验。

根据专门粉碎谣言的 Snopes 网介绍，这条互联网传言是杰作！——大部分都是真的。许多面包生产商都会使用不同颜色的标签，以确保终端消费者接触到最优质的产品。

但是，没有必要去破解密码——事实上，普通消费者可能也做不到。因为，没有一个统一的系统。虽然新闻报道中表示（更多是通过转发邮件），精明的消费者只要注意标签，就能避免买到不新鲜的面包。但是，事实并非如此。总体而言，颜色系统是针对超市设立的。超市员工可以在面包变质前，撤走不新鲜的面包。同样地，所有品牌的颜色密码系统没有遵循统一的标准。如果有需要，每家生产商都可以选择自己的系统。例如，哥伦比亚广播公司旧金山站的一名记者就曾基于 Snopes 的报道，做过后续调查。她发现，至少有一家公司，只在标签上印上有效日期（通常是浅蓝色字体）。因此，作为消费者，最好再查查最佳销售日期。

如果你想买到更放心、更新鲜的面包，就遵从 Snopes 的建议：“联系你钟爱的品牌生产商，询问他们的颜色密码系统。”

延伸阅读 _____

橘色是根据水果命名的，而不是相反的情况。橘子最初有一个英文名，大概近似于它现在的西班牙语名 naranja。久而久之，单词中的第一个字母 n 不见了。很可能是因为，与定冠词放在一起时，出现了连音现象——例如，西班牙语中的 una naranja。单词的第一个元音发 au，最终就变成了 orange。

变绿的橘子：
你的早餐橙汁可能不安全

橘子是橘色的。生活中有些事就那么简单。但是，这一点可能渐渐地说不通了。而且，我们也束手无策。细菌占了上风，橘色的橘子成了受害者。

2006 年，佛罗里达州的一些柑橘种植户发现，树上生了一种叫"拉斯"的细菌（Las，生物学家称之为"亚洲韧皮部杆菌"）。拉斯首先在亚洲造成了一种柑橘黄龙病（HLB）。根据美国农业部的说法，一棵树感染黄龙病后就无法治愈，并会在 5~10 年内死亡（一棵健康的柑橘树可以活到 100 岁）。病树结出的橘子不会成熟，虽然看起来跟正常果树结的果子一样。但是生病的橘子最后会长成畸形。而且，它们大多数不全是橘子，果实大部分都是绿色的。

黄龙病是靠一种昆虫传播的。所以，即使农民们砍掉受感染的树木，拉斯病毒依然可以传播。根据《科学美国人》的报道，每一年，柑橘产业投入大约 1600 万美元，用于杀灭昆虫、细菌和疾病。但是，到目前为止，人类还没办法治疗黄龙病。这种昆虫叫亚洲柑橘木虱。它体格极小，很难对付。美国农业部的描述是，它"还没针头大"。

虽然对柑橘种植户来说，这不是个好消息，不过，对于喜爱橙汁的人来说，却也不至于是噩梦——至少现在还不是。这种绿色、畸形、生过病的橘子，可以放心大胆地食用。它们的化学构成与普通橘子有点区别，因此尝起来有点苦味。然而，《史密森尼》杂志指出，这种口感的差别非常微小，普通人根本意识不到。"坏"果汁里放点"好"果汁，就可以遮挡苦味，喝起来几乎完全察觉不到。所以，只要还有足够多的健康柑橘树，它就不会对橙汁市场产生直接威胁。

更让人欣慰的是，亚洲柑橘木虱无法长途跋涉。所以，只要人类不助长病菌的传播，黄龙病不会广泛传播。事实上，人类已经在助长病菌传播了。美国农业部设了一个网站叫"拯救我们的柑橘"（www.saveourcitrus.org）。网站尤其建议人们，"不要让家乡的柑橘果实或柑橘树跨过州界线，以减少柑橘病菌的传播"。网站还有专门的视频和广播宣传片。为了各地的果汁爱好者，网站希望人们响应号召。

延伸阅读 _____

　　刷完牙后喝点橙汁，你会惊讶地发现——橙汁难喝死了。这是为什么呢？大多数牙膏中含有一种叫十二烷基醚硫酸钠的成分，造成刷牙时起沫。同时，它还会阻止舌头感知甜味。所以，你刷完牙喝橙汁时，就尝不出甜味，嘴里只留下苦味和酸味。

即将消失的香蕉：
你吃的不是爷爷奶奶的香蕉

        无子、美味、黄色、有营养、好携带。你肯定知道怎么处理香蕉——趁别人没拿走，先把它吃掉。

        香蕉是一种历史悠久的水果。更确切点说，我们大多数人以为的香蕉，其实是一种叫卡文迪什的香蕉品种。它受欢迎是有理由的。所有的卡文迪什香蕉都是克隆的。因此，各地的卡文迪什香蕉都有相同的基因。（水果克隆也不是什么稀罕事。例如，脐橙也是克隆的。）但是，克隆的植物拥有一个巨大的弊端——一棵卡文迪什香蕉树得病，会影响到全体香蕉树。

        所以，大多数人现在吃的香蕉，跟 50 年前的香蕉是不一样的。我们吃掉了大量的香蕉。平均每个美国人每年能吃掉超过25 磅香蕉（打破了所有水果的纪录！）。在 1960 年以前，商贩们卖的都是大米七香蕉。从许多方面来说，大米七香蕉是一种果型更大、味道更好的香蕉。但是，大米七香蕉很容易得巴拿马病——一种会使香蕉树根部坏掉的真菌性疾病。巴拿马病在大片香蕉园中迅速蔓延，给收成带来重大影响。而且，大米七香蕉的商业性种植也变得不可行。经过数十亿美元的研发投入后，具有抗巴拿马病基因的卡文迪什香蕉推出了。它也成为世界上最流行的香蕉品种。

卡文迪什香蕉也会像渡渡鸟和大米七香蕉一样灭绝吗？当然会。一种新型的巴拿马病毒——黄叶病热带第 4 型（TR4）可以毁掉卡文迪什香蕉植株。已知的唯一解决方案是遗传抗性。但是，由于是克隆出来的，卡文迪什香蕉根本不可能产生遗传抗性。TR4 已经袭击了澳大利亚、中国台湾、马来西亚等国家和地区的香蕉园，在东南亚地区扩散。根据美国《大众科学》杂志（*Popular Science*）的报道，专家认为，一切只是时间的问题。也许，几十年后，TR4 就会让卡文迪什香蕉重蹈大米七香蕉的覆辙。不过，这个期限可能会更长。种植园主已经从大米七香蕉灭绝中汲取了教训。他们采取了严格的措施，避免悲剧再次发生。有报道称，有人因为一丁点的巴拿马病毒感染，甚至烧毁了整片土地，以防止病毒扩散。

延伸阅读 _____

    香蕉是具有辐射性的。具体说来，香蕉中含有钾元素。这其实是一种罕见的放射性同位素。由于放射作用非常低，它不会对人体造成太大危险。根据维基百科的说法，吃 2000 根香蕉对寿命的影响，相当于抽 1.5 根烟的危害。据说，香蕉的放射作用是真实可测量的。甚至，在美国港口上，香蕉曾经给搜捕核材料走私犯的工作人员释放了错误警报。

———————

放射性红：
厨房里具有放射作用的盘子

20 世纪 30 年代，有个餐具品牌曾轰动一时，叫餐具嘉年华（Fiestaware）。它跟大多数白色餐具品牌不一样，推出了五颜六色的餐具——蓝色、绿色、黄色、象牙白、橘红色。餐具嘉年华的风靡是无与伦比的（至少在餐具界是这样）——连著名艺术家安迪·沃霍尔也是追捧者之一。其中，有两个颜色是无法复制的。嘉年华为了让红色和小众的象牙白产生釉质效果，加入了一种昂贵的特殊成分。

什么成分？铀。餐具嘉年华具有放射性。

20 世纪 30 年代中期，嘉年华首次以纯色餐具的宣传，进入美国的千家万户（一些小品牌也推出过类似产品，但是都没有达到全国范围）。为了获得红釉的效果，嘉年华使用了氧化铀。虽然达到了目的，却也产生了严重的副作用。1944 年，由于餐具中含铀，嘉年华制造商洪墨·拉夫林瓷器公司最终选择了下架处理。

不过，不是出于健康考虑——放射性餐具中的危害性还有待考证。红餐具下架是出于国家安全需要。那一年，在曼哈顿计划的指导下，美国试图开发原子弹，这就需要铀元素。政府竭力搜集铀元素，也包括洪墨·拉夫林的餐具。当年晚些时候，该公司把红餐具撤下了生产线。

1959年，嘉年华红色餐具再次生产。这一次使用的不是天然铀，而是放射性弱的少量铀。那么，那些放射性更强的旧餐具呢？它们可以用来收藏。但是，美国环保局认定它会释放"高水平"的放射线——因此，收藏家（当然，还有日常用餐者）还是谨慎为好。

延伸阅读 _____

红色的 M&M's 巧克力没有放射性。不过，它背后也有一个故事。1976 年，由于担心致癌，这款风靡的、颜色犹如苋菜红的食品被下架了。虽然没有使用苋菜红，但生产商玛氏食品为了避免疑惑和恐慌，还是下架了红色的 M&M's。1987 年，红色包装又回来了。这次用的是一种叫诱惑红（Allura Red AC）的颜色，可能会导致小孩子活泼好动（此处，最关键的词是"可能"，它也可能不会）。因此，在一些地区，尤其是欧洲部分地区，

M&M's 红色包装用的是胭脂红。胭脂红产自一种昆虫，就是颜料名中体现的胭脂红虫。为了提取颜料，胭脂红虫会被研成粉末，并在水中煮沸。

———————

公牛的眼睛：
公牛真的讨厌红色吗？（不对。）

现代的西班牙斗牛赛可以追溯至 1726 年。那一年，一位名叫弗朗西斯科·罗梅罗的"公牛杀手"彻底改革了这项传统活动。他不像前辈们那样骑在牛背上，而是踩在了牛脚上。更重要的是，罗梅罗将一些新设备引入了赛场——一把剑和一面斗篷。我们都知道，斗篷通常都是红色的。

另一边的牛不知道这是什么颜色。

将近 300 年中，斗牛士都在模仿罗梅罗的装扮。在过去的300 年间，红斗篷一度成为传言的主角：牛看到红色就会被激怒，继而发动攻击。传言到处流传，甚至渗透了儿童卡通：主人公发现自己意外闯进斗牛场，于是，他就拿出红色的东西，朝公牛摆动。在卡通故事中，红色会激怒公牛，威胁主人公的生命安全。

但在现实中，情况并不是这样的。人类拥有三色视觉——我们双眼中拥有三个不同的颜色接收器。公牛拥有两色视觉，也就是说，它们只有两个颜色接收器。我们看到斗篷，能认出来红色，而公牛辨别不出来红色。

在 2007 年 8 月 22 日的《流言终结者》[①]中，演员们做了一个测试。首先，他们拿出红白蓝三种旗帜；面对三种旗帜，公牛都发起了进攻，没有明显表现出对红色有更多愤怒。其次，节目组制作了三个人形斗牛士，分别制成蓝白红三种颜色。公牛最后才去攻击红色斗牛士。最后一步，也是最关键的一步，一名剧组人员穿成红色，但尽可能保持静止状态。同时，两位专业人士分别穿一身蓝和一身白，在斗牛场四周跳舞。公牛忽略了一身红的剧组人员，径直朝跳舞的牛仔跑去。

公牛被斗篷吸引，很可能不是因为颜色，而是因为斗牛士的抖动。一般来说，为了尊重传统，斗牛场上还在使用红斗篷。不过，还有一个原因。虽然公牛分不清斗牛士手里是不是红斗篷，但观众肯定能看出来。当公牛获胜时，斗篷的颜色也可以盖住斗牛士的血。罗梅罗改革斗牛规则后，有 500 多名斗牛士死于斗牛场。选红斗篷也许是件好事。

---

① 《流言终结者》（*MythBusters*）是一个美国的科普电视节目，在探索频道播出。

延伸阅读 _____

　　公牛和许多动物都只有两个颜色接收器。人类拥有三个颜色接收器，但是，也没那么神奇。蝴蝶有五个颜色接收器。根据《自然》杂志的报道，螳螂虾至少拥有十个颜色接收器——甚至更多。

_____

血瀑布：
困在南极洲的"外星"生物形态

　　从新西兰往南一直走，最终会到达南极。继续深入南极大陆，你会穿过一段 34 英里长的南极冰川，名叫泰勒冰川。它是以地理学家格里菲斯·泰勒的名字命名的。泰勒是一名探险家。在他的带领下，该地区迎来了第一支探险队。泰勒冰川紧挨着邦尼湖——一片冰架厚达 10～15 英尺的咸水湖。在泰勒冰川与邦尼湖冰层中间，是一道五层楼高的冰冻瀑布。

　　瀑布水是血红色的，现在称为"血瀑布"。而且，这不是血瀑布最有趣的地方。

　　格里菲斯·泰勒于 1911 年发现了血瀑布。当时，泰勒他们认为，冰川里有一种水藻，把冰面染成了黑红色。结果证明，情况并非如此。在泰勒冰川深处，我们不知道有多深的地方，埋着一个史前湖泊。那片湖泊静静地被埋在冰川下，已经度过了 150～200 年。湖泊与地球外部环境完全隔绝。它接收不到阳光，没有氧气，富含盐分（咸水湖）、硫黄、氯化物和铁矿（氧化铁的存在，使血瀑布的渗漏水变成了红色）。可以想象，水下温度极低；只是因为大量盐分的存在，湖水才不至于结冰。

我们以为的荒凉国度，恰恰生机盎然。位于冰川下的湖泊里，还有生物存在。由于湖泊与世隔绝，里面的生命形态已经存在了上千年。它们不是尼斯湖水怪或者喜马拉雅山区的雪人。不过，根据《科学》杂志的描述，湖里生存着多种微生物——至少有十几种，甚至是二十多种。它们要么不需要氧气就可以生存，要么可以用一种未知的方法生产氧气。主流观点认为，这些微生物靠硫酸盐和铁元素生存。但是，由于地球上没有任何类似的生命形态，我们也不清楚它们的生存方式。

然而，那里就是有微生物。这一点太神奇了。因为，无论如何，它们都是不应该出现的。南极洲微生物常常使得我们无法否认其他星球上会有生命存在，比如火星，再比如说木星的卫星、被冰雪覆盖的欧罗巴。如果有生物可以在泰勒冰川下生存一个时代，那么，在其他地方也可以。

延伸阅读 _____

1967 年 4 月 20 日，NASA 指挥"勘察者 3 号"探测器在月球表面上着陆。两年半后，"阿波罗 12 号"小组在月球表面发现了"勘察者 3 号"。根据 NASA 的说法，"阿波罗 12 号"把"勘察者 3 号"送回地球时，发现了来自地球的微生物——可能"勘察者3号"发射时就存在了。不过，有人质疑发现的真实性。如果是真的，就等于说，这种叫轻型链球菌的微生物经过太空旅行，在月球停留那么久后，依然存活了下来。发现"勘察者3号"以后，NASA彻底清理了所有航天飞机上的微生物，避免无意中把生命带到地球以外的宇宙空间中。

马克斯悬案：
神秘的南极死亡之谜

2000 年 5 月 12 日，出生于澳大利亚的罗德尼·马克斯去世，死亡地址距离南极点不远。他是阿蒙森 - 斯科特南极站的一名天体物理学家。阿蒙森 - 斯科特站是一座研究机构，由国家科学基金会（NSF）为美国政府代管。NSF 最初的结论是，马克斯死于自然因素。六个月后，以及此后的十多年间，这个结论看起来越来越可疑。然而，由于南极洲复杂的法律管理现状，我们可能永远也无法知道真相。

马克斯是一名成果突出的研究人员。他在南极主要跟望远镜打交道。他患有抽动秽语综合征，喜欢喝酒掩盖一些症状。（没错，南极洲也有酒吧。其实，还有好几家。）他已经订婚了，未婚妻索尼娅·沃尔特为了陪他，也在南极找了份工作。但是，2000 年 5 月 11 日，他开始觉得很不舒服。接下来的一天半里，他去看了三次医生。但是，这都没有用，因为医生查不出病因。发病 36 个小时后，马克斯死了。

多数情况下，出了人命，人们会报警。但是，南极洲不属于某个国家。虽然国际公约中也提到了相关权利和义务，但是，许多司法管辖权问题都没有解决。新西兰对南极点附近的区域做出了领土声明。但是，那里大部分都被美国占领。美国不认可这项领土声明。不过，针对在此区域为美国工作的新西兰人，当新西兰要求使用新西兰法律时，美国没有反对。同样，当美国政府调查该区域的犯罪行为时，新西兰也不反对。

马克斯去世六个月后，尸体带着美国的祝福，被运往新西兰检验。验尸官认定，马克斯死于甲醇中毒，并将其移交新西兰警方进一步调查。通常情况下，之所以发生甲醇中毒，是有人为了模仿喝酒的感觉（也就是醉感），饮用了防冻剂或罐装硝化纤维甲醇。但是，新西兰政府发现，马克斯可以接触到许多酒精，不可能意外地饮用这些东西。再后来，调查人员公开怀疑，马克斯可能是自杀——他曾多次寻找药物治疗。

案件调查负责人、高级警探格兰特·沃莫尔德告诉媒体，警方目前的调查结果就是这样。新西兰政府曾试图询问证人，查阅相关组织文件，以获取有用信息。但是，没人愿意说话。他们认为，新西兰无权管辖这个案子。美国司法部介入后，相关组织和个人声称，美国也没有管辖权。2008年，案件停止调查。马克斯的父亲告诉《新西兰先驱报》，不会再出现更多案件细节了。

直到今天，这还是一件悬案。

延伸阅读 _____

　　每年，研究人员都会在南极点的冰川冰上做个记号。因为，如果冰块每年移动，记号也会改变位置。理论上来说，南极地表应该到处都是记号。但是，事实并非如此——记号是在冰层里面的，就像博物馆的展示柜一样。没错，至少大多数记号都是这样。《南极太阳报》是一个新闻类报刊，内容发自南极洲的驻扎者。2003 年，根据它的报道，至少有一个记号消失了，大概是被人偷走了。于是，研究人员才决定，把记号做在冰层里面。

　　　　　　　　　　　　　　　　　　　　　　　 _____

无人岛：
不属于任何国家的土地

地球表面大约 **30%** 是土地。有土地的地方，就有一国（或多国）声明所有权。事实上，在世界上，有些国家为了很小的一片土地发生冲突，让人一边疑惑，一边觉得不可思议。除了南极洲，几乎每一寸土地，至少都有一个国家归属。

除了一块 **800** 平方英里的土地，名叫比尔泰维勒（Bir Tawil）。

比尔泰维勒位于埃及与苏丹的交界处。两个国家都不想要这块土地；事实上，如果一方占领了它，另一方还会高兴。这块区域属内陆地区，土地贫瘠干旱，多山岭地形。没人愿意长期住在那里。一个世纪以前，一群游牧者把那里当作牧场。但是现在，那里早已面目全非。比尔泰维勒的意思是"深水井"。几十年前，由于只有一口水井，该区域因此得名。不过，那口井也早就不见了。

但是，两国都不想要比尔泰维勒，不是因为它整体上毫无价值。

而是因为，一旦占有比尔泰维勒，就无法认领该区域东北部的哈拉伊卜三角区。三角区毗邻红海，面积较大，土地肥沃。埃及和苏丹都对三角区声明了主权。

哈拉伊卜三角区冲突源于两项法令，分别颁布于 1899 年和 1902 年。在 1899 年，该区域当时的控制者是英国。英国划定苏丹的北部边界为北纬 22 度线——它向东一直延伸到红海。按照这次边界划分，埃及将控制哈拉伊卜三角区，今天的比尔泰维勒归苏丹所有。但是，这次划分有点小问题。在三角区里，有一群人从地理和文化上说，都更靠近苏丹首都喀土穆。明明可以当苏丹人，却要被划成埃及人，这很不合理。为了解决问题，1902 年，英国决定划定一条锯齿状的"管辖边界"。这一次，哈拉伊卜三角区被划到了苏丹管辖范围内。可是，不知道为什么，英国没有以北纬 22 度为起点，向东北延伸，而是在北纬 22 度南边划了一条线。这样一来，两条界线交叉，划出一小块土地归埃及管理，也就是今天的比尔泰维勒。

现在，埃及承认 1899 年的直线边界，苏丹认可 1902 年的锯齿状边界。没人想要比尔泰维勒。它也成为南极洲以外，没有国家认领的唯一一块土地。

延伸阅读 _____

2006 年 10 月，美国通过了《2006 年边界保障法案》，希望在西南边境与墨西哥建立一道边界围栏。但是，这道围栏没有完全按照边界线建设。因为，美墨双方的一项协议规定，得克萨斯州的格兰德河漫滩上禁止动工。根据雅虎新闻的报道，美国在边境北部大约一英里处修建了部分围栏。这样一来，一些仍归美国管辖的得克萨斯人就被划到了墨西哥那边。

垃圾城市：
开罗用垃圾创造当地经济

　　埃及首都开罗是世界上最大的城市区域之一。开罗市里住着650多万人口，大都市地区住着大约1800万人口。它和世界上的大多数城市一样，只有一个有趣的区别：垃圾。

　　开罗的城市生活垃圾系统每天处理大约9000吨的垃圾。它根本不像一个有机的系统，最多是一项临时任务。负责处理开罗城市生活垃圾的，是一群"扎巴林"（在埃及阿拉伯语中，"扎巴林"直译为"拾荒者"）。他们有六七万人，大多是科普特基督教徒。几十年来，他们都是开罗真正的清洁工。他们住在开罗郊区的五六个社区里，搜集城市每个街角的垃圾。

　　也许，垃圾最后的归宿才是故事的核心。扎巴林把垃圾堆在一个叫曼什亚特纳赛尔的小村庄里。这是一个由商店、住宅、大街和小道组成的贫民窟。但是，这里没有排水系统，没有自来水，没有供电。村庄的街道上满是垃圾。因此，它获得了"垃圾城"

的绰号。

但是，这不见得是坏事。在曼什亚特纳赛尔，扎巴林发挥创造力，从别人产生的数吨垃圾里翻找，找出可回收利用的物件，或可以喂猪的食物（猪流感在全球盛行时，埃及政府禁止了这样的行为）。有些家庭专门研究垃圾分类，因此，能够更好地变废为宝。他们取得的成就是非常惊人的——根据一份关于扎巴林和曼什亚特纳赛尔的纪录片，80% 的垃圾可以回收利用。相比之下，大多数方法只能回收大约四分之一的垃圾。

然而，扎巴林的未来还悬而未决。政府由于担心猪流感而禁止从垃圾里挑猪食的决定，严重破坏了他们的经济。埃及和开罗渴望通过变革，变得更加现代化，把捡垃圾变成一种城市服务。伴随着这样的愿望，扎巴林在开罗垃圾经济中的角色将会越来越弱化。

延伸阅读 _____

根据纽约市卫生局常驻人类学家罗宾·纳格尔的说法，"环卫工比警察、消防员更容易因工受伤或死亡"。

_____

垃圾搜集国：
瑞典为什么进口垃圾

　　根据《国家地理》的报道，美国人产生的垃圾中，大约有55%最后填埋处理。大约三分之一回收利用，剩下的大约12.5%做焚烧处理。从许多方面来说，减少填埋处理似乎是个好主意——填埋占用空间，产生沼气，会污染地下水源。垃圾不仅是美国的问题，其他国家每周也会产生大量垃圾。

　　但是，瑞典面临的垃圾问题完全不同：他们的垃圾不够用。

　　根据美国国家公共电台的一则报道，只有大约4%的瑞典垃圾会被填埋。这是因为，瑞典把大部分垃圾都进行了焚化处理，并由此获取了大量能源。瑞典许多区域使用"分区供暖系统"。在这种系统下，垃圾焚烧后，将水加热，系统再把热水输送到居民大楼和写字楼里供暖。通过焚烧垃圾，瑞典可以满足20%的分区供暖需求，以及大约25万个家庭的供电需求。所有的垃圾都被回收利用了——甚至是医疗垃圾。事实上，瑞典非常善于把垃圾变成能源。根据国际公共广播电台的报道，在 2012 年夏天，瑞典的供电需求超过了垃圾储备。说得直白些，他们需要更多垃圾。

垃圾不够的优势是什么？能用的垃圾通常很多，其他国家恨不得马上摆脱垃圾。不仅如此，如果你把垃圾运走，各国政府还会支付费用。所以，当瑞典寻找更多垃圾时，他们发现，邻国挪威不仅愿意按照瑞典的方式为他们提供一些垃圾，甚至还给瑞典带来了一点额外收入。

目前，瑞典可能很快要到别处找垃圾了（意大利、罗马尼亚、保加利亚和邻近的其他国家，都已经成为瑞典的垃圾供应国了）。许多其他国家都在投资类似的垃圾处理系统，尤其是北欧——他们也会需要垃圾。2013 年 4 月，《纽约时报》报道说，挪威首都奥斯陆是一个垃圾净进口城市——奥斯陆通过焚烧垃圾，可以为"大约半个城市和大多数学校"供热。然而，跟瑞典一样，奥斯陆的垃圾也不够用了，现在依靠周边区域的支援。

延伸阅读 _____

瑞典的官方推特 @sweden 每周都由不同的瑞典人运营。

_____

猪肉计划：
中国的全国猪肉储备计划

我们说过，各国政府通常会出于经济目的，制定物资储备战略（比如上文提到的垃圾储备）。例如，美国有一个战略石油储备（SPR）——截至 2012 年 12 月 21 日，美国已经储备了价值 600 亿美元的石油。SPR 的目标是防止国外组织拒绝销售石油，而给美国带来经济危害。

SPR 形成于 1973 年石油危机后，储备石油现在已将近 7 亿桶。如果发生贸易禁运危机，它们足够美国撑几个月。考虑到美国和国际社会对石油的依赖，SPR 的成立是完全站得住脚的。

不只美国，许多国家也有战略石油准备。例如，中国拥有 1 亿桶石油储备，还计划再增加 3.75 亿桶。这都是很正常的。

但是除此之外，中国还拥有其他物资的战略储备：猪肉。

猪肉是中国人的基本食品。根据地球政策研究所的数据，中国在 1978 年的肉类消耗量只有 800 万吨——相当于当年美国肉类消耗量的三分之一。但是，到了 2010 年，中国消耗了 7100 万吨，是美国的两倍。而这其中有四分之三是猪肉。考虑到对猪肉产品的需求增长，保持价格稳定成为一个问题。所以，根据《纽约时报》的报道，在 2007 年，中国政府建立了"全国猪肉储备"。当价格迅速上涨时，中国就增加猪肉供应，让价格回落到正常水平。

有点遗憾的是，和石油不一样，冷冻猪肉的保质期相对较短——《泰晤士报》的说法是四个月——而生猪又会产生养殖费用。2011 年，为了满足国内需求，中国考虑打开猪肉储备大门时，存储的 20 万吨猪肉还无法对价格产生重大影响。

另一方面，猪肉储备还有一个用途——这很好实现。当价格下跌时，政府直接多买点猪肉，在保障储备的同时，还能调高价格。当谷物价格居高不下时．这项措施尤其重要。因为，生猪养殖需要谷物。如果饲料价格超越了生猪的价值，猪肉的供应可能会反常地迅速下降。因此，2013 年春，中国政府开始购买过剩的猪肉，希望猪肉价格能有所回升。

延伸阅读 _____

在沙特阿拉伯，几乎所有的广播电视节目都是由一个叫 BSKSA 的政府机构播放。BSKSA 会进行节目审查，确保节目内容符合伊斯兰的教义。因此，BSKSA 不会批准提到猪肉的节目。

_____

猖狂的犯罪：
加拿大的槭树糖浆储备全部被盗

　　还有什么奇怪的战略储备呢？加拿大有一个槭树糖浆储备计划。更确切点说，在 2000 年，魁北克有一群槭树糖浆生产商，创建了一个储备库，希望维持每年的价格稳定。"采集季"的长短变幻无常，常常要根据天气判断。根据《纽约时报》的描述，"在这段短暂的时间里，夜晚冷得吓人，白天气温达到 40℃以上，淀粉转化为糖浆，变成流动的汁液。"有些采集季能产出许多槭树糖浆。对生产者来说，这不是个好消息。因为，储备量高会造成价格下滑。有些采集季的产量较低。对有些生产者来说，这也不是好兆头。因为，他们没有足够的产量赚钱。令人欣慰的是，没拆封的槭树糖浆可以保存几年时间，也不需要冰箱。所以，"战略储备"有助于稳定价格。

　　除非它们被盗了。

　　在魁北克，槭树糖浆市场要受到严格管控。你不能随意种植糖槭树，收获糖浆；你必须从有执照的人手中租地，或者从魁北克槭树糖浆生产者联盟中获取。但是，第二种方法需要经过烦琐漫长的过程——截至 2013 年年初，超过 1000 人在申请状态中。联盟负责监管许可证持有人的产量，以防止他们私自储存，并直接出售。没错，槭树糖浆也有黑市。黑市交易不只是为了钱，许多人从思想上不满联盟的宗旨，就用实际行动反对它。

2012 年夏，在一座槭树糖浆储备库，一位检察人员发现了纰漏。根据《华尔街日报》的说法，他们正在进行一次"例行仓库检查"。装着 100 万磅糖浆的桶里被换成了水。最后，总共 1000 万磅的糖浆不见了——每磅售价大约 3 美元。官方人员认为，小偷不会损害槭树糖浆的全球供应（魁北克生产了全球四分之三的槭树糖浆），还有足够的供应量。但是，小偷肯定会卖掉那批糖浆（自己一个人才能消耗多少）。对于供应商来说，这也不是什么好事。因为，他们现在要跟自己被偷走的产品竞争了。

最后，三分之二的被偷糖浆找回来了。根据《彭博商业周刊》的报道，被指控的重犯"是一位未被授权的中间商。他以前与联盟产生过冲突，最后支付了几千美元的罚款"。那批非法糖浆最终到了新不伦瑞克省的一个仓库里。仓库的主人会定期购买联盟没授权的糖浆——他的生意不在魁北克，自然受不到联盟的限制。当被指控犯有蓄意接收被盗物品罪时，他表示对糖浆的来源毫不知情。

延伸阅读 _____

  制作槭树糖浆还会惹上其他麻烦。2013 年 2 月，美国缉毒署突然搜查了伊利诺伊州的尤宁县。劳拉·班森和家人都住在这里。邻居报了警，指控班森一家涉嫌在家制毒。但是，警方没有发现毒品——只有槭树糖浆。班森一家正在使用家用糖浆实验室。他们从容地面对了搜查，还给了警方一些糖浆——不是当证据，而是给他们当早餐。

_____

油王：
怎么用色拉油蒙骗消费者

说起"油王"，我们会想到一群靠石油生意谋生的人。但是，在1955年，提诺·德·安杰利斯认为，还有一种油值得投资：植物油。他因此大赚了一笔——最后也因此入狱。

1954年，美国颁布了《农产品贸易发展与援助法》，由此产生了"粮食换和平"计划。这项计划有助于将过剩物资卖给盟友，当时主要是欧洲国家。安杰利斯成立了"联盟天然植物油精炼公司"。该公司借助粮食换和平计划，生产了大量不合格的起酥油和植物油，出口到欧洲的盟国。

安杰利斯的公司大获成功。在接下来的几年内，它还成为美国植物油市场的主要参与者。1962年，他从其他卖家手里买入大量植物油，成功地垄断了市场。以他手里的存货，他完全可以垄断油价了。但是，安杰利斯心里却有另一个想法：购买植物油期货，垄断色拉油市场。当时，植物油期货的交易价格还很低，但很快就会大涨。

为了资助这个计划，安杰利斯以植物油库存做抵押贷了款。

然而，想获得大量贷款，即使"联盟公司"买下其他卖家的库存，库存还是远远不够的。安杰利斯开始编造谎言（也就是后来的"色拉油丑闻"），声称自己拥有大量植物油——事实上，他对外宣称的库存，比美国农业部的总库存还多。然而，安杰利斯邀请主要放款人——美国运通，去检查他的库房和油罐（这也是他们的工作惯例）。美国运通看了看油罐，认定植物油确实在里面。最后，他们的结论是，申报信息真实有效。美国运通不知道的是，安杰利斯在大多数油罐里灌满了水。但是，罐里的植物油足够多，且密度较小，就会浮在水上，掩盖罐底的秘密。

过了不久，在一次突击检查中，运通公司的督察员识破了骗局。这项不靠谱的计划突然破产，带来了一场致命打击。植物油期货市场崩溃，美国运通公司股价暴跌了 50%。安杰利斯的公司宣告破产。安杰利斯本人由于欺诈交易，被判七年有期徒刑。

延伸阅读

　　1850 年，美国运通公司在纽约州的奥尔巴尼创办——正好在信用卡出现前（信用卡正式的推出时间是二十世纪二三十年代）。事实上，它一开始根本不是个金融机构。美国运通的第一项业务是海运——也就是"快递"。直到 1882 年，它才渐渐推出汇款业务，进入金融服务业。

洋葱圈:
美国为什么不能进行洋葱期货交易

　　如果你看过艾迪·墨菲、丹·阿克罗伊德和杰米·李·柯蒂斯主演的经典电影《颠倒乾坤》，或者你了解商品交易的来龙去脉——你可能就知道什么是"期货"和"卖空"。不知道也没关系。"期货"就是规定以当前价格，在将来某一预定日期购买特定商品的合约。合约的购买者希望，商品价格在合约期内能够上涨，而合约的卖家则希望价格下降。"卖空"是指股票卖家或期货合约卖家不再拥有所卖股票/合约的情况。卖家从所有人手里，借来商品期货卖掉，然后再买入。卖空者希望，在他借入和重新买入期间，商品价格会下降。按照前后的差价，卖空者就可以大赚一笔。

　　电影里，阿克罗伊德和墨菲从事的，是猪胸肉和冷冻浓缩橙汁的期货交易。事实上，几乎所有商品的期货都可以在公开市场买到。但不是所有的。因为，至少在美国，洋葱期货是禁止交易的——这要多亏了德怀特·艾森豪威尔、杰拉尔德·福特和靠操控系统成为百万富翁的两个人。

1955 年，洋葱构成了芝加哥商业交易所 20% 的商品交易。萨姆·西格尔和文森特·考苏伽这两位投机商看到了机会。两人大量买入洋葱和洋葱期货，垄断了市场。到当年秋天，他们手里拥有的洋葱，大约占到芝加哥洋葱总量的 98%，总值大约 3000 万镑。

很快，西格尔和考苏伽开始卖空洋葱期货，信心满满地押注洋葱价格会突然下降。这可不是盲目的赌博行为。两人开始卖掉囤积的洋葱，造成供过于求，蓄意造成洋葱价格下跌——暴跌。1955 年 8 月，在芝加哥，一袋 55 磅的洋葱售价约为 2.75 英镑。到 1956 年 3 月，洋葱季节结束时，由于西格尔和考苏伽的市场操控，同样重量的洋葱在芝加哥只能卖到原来价格的 10%。两人大捞了一笔，洋葱市场却陷入混乱——在芝加哥卖不上价钱，其他地方洋葱奇缺。洋葱生产商都濒临破产，就寻求美国国会的帮忙。

杰拉尔德·福特当时是密歇根的一名国会议员。他发起了禁止洋葱期货交易的法案——旨在避免类似行为的出现。商品交易游说集团当然反对这项提案，还威胁如果正式立法，就走诉讼道路。艾森豪威尔总统认为他们只是虚张声势，于 1958 年夏签订了《洋葱期货法案》。商业交易所提起了诉讼，但是败诉了。直到今天，美国还禁止洋葱期货交易。

但是，它至少促进了电影产业的发展。因为，《洋葱期货法案》剥夺了商业交易所的强劲市场，所以，它的领导机构——利润中心要扩大业务，保持企业的健康运行。最抢眼的两项新增业务就是《颠倒乾坤》里的两件主要交易商品：猪胸肉和冷冻浓缩橙汁。

延伸阅读 _____

　　在《颠倒乾坤》中，阿克罗伊德和墨菲通过内幕交易，赚了不少钱——他们私下里获得了一份柑橘种植的提前版报告。有人可能认为，他们一旦被抓，就会进监狱，但其实并不是这样。直到2010年，在商品市场上，内幕交易还不属于违法行为。事实上，当年，美国商品期货交易委员会负责人在国会面前证实，应该改变现状。在证词中，他引用了《颠倒乾坤》中的阴谋计划。

_____

抬高的大楼：
芝加哥为什么要提升建筑高度

    芝加哥市建立于 1833 年，坐落于密歇根湖沿岸，属于密西西比河流域。它附近的河流自北向南流动，东邻天然水道，促进了城市的快速发展。1833 年 8 月 12 日，芝加哥建成时，只有 200 名居民。但是，到了 1840 年，居民数量已经远超 4000 人。再到 1860 年，芝加哥拥有 11.2 万常住居民。

    但是，人口增长也是有代价的，尤其是在一个海拔只有 500 英尺左右（约 182 米）的城市里。只要一下雨，城市就会发大水，到处都是积水。到 19 世纪 50 年代，芝加哥还没有一个有效的城市排水系统。所以，积水越来越多。芝加哥很快发现，有洪水的地方，常常滋生疾病。伤寒、痢疾和霍乱每年都会侵袭芝加哥。1854 年，一场霍乱爆发，夺走了城市 6% 的生命。但是，想解决这个问题，首先要面对另一个问题——在建筑林立的地方，怎么铺设下水道？

解决方案是：提升建筑的高度。

注意，不是拆除重建，而是抬高。芝加哥如果能找到办法，把至少四五层高的大楼抬高几英尺，就可以打造新地基，修建市内排水系统。几年后，他们还真的做到了。1858 年 1 月，第一座大楼——重达 750 吨的四层砖墙建筑——在 250 个起重机的控制下，比原来的高度提升了超过 6 英尺，而且建筑整体还完好无损。

在接下来的十年间，为了修建排水系统，芝加哥市中心的许多建筑都被这样抬高了。也许，最惊心动魄的一次，是湖滨大道一排建筑的整体抬高工作。那排建筑长 320 英尺（将近 100 米），大约 600 个工人花了整整 5 天才完成工程。此外，芝加哥还得提升人行道、道路，以及任何海拔太低、影响排水系统铺设的建筑。

总体来说，除了少数破坏案例，建筑抬高工作是成功的。芝加哥还借机进行城市优化工作。比如，木框建筑不如砖瓦结构结实美观，挪出来以后，就被移出了城市。根据维基百科的介绍，把建筑"装到滚轮上，搬到市郊或郊外，这种现象太常见了，已经跟普通运输没什么两样了"。

延伸阅读 ————

你要是到了芝加哥，一定要尝尝大蒜和洋葱。"芝加哥"
（Chicago）这个词来源于美洲土著词 shikaakwa（不妨大声念
一下）。时间长了，它就变成我们今天用的这个词。Shikaakwa
意思是野生大蒜或野生洋葱。在欧洲移民到来前，该区域拥有大
量洋葱和大蒜。

————

高空惊险：
纽约摩天大楼修缮计划

　　走到曼哈顿 53 号街和莱辛顿大道的交叉口，抬头往上看，你会看到一个白色大楼。它有着标志性的 45 度斜角屋顶，是纽约市十座最高的摩天大楼之一。这就是花旗集团中心。大楼包含 59 层，办公区域达到 100 多万平方英尺。独特的斜角屋顶让它成为纽约市一道独特的风景线。大楼于 1974 年动工，1977 年建成，总花费不到两亿美元。与许多大楼一样，花旗集团中心的设计寿命是许多年。

　　值得注意的是，如果不是有一次悄悄修正了重大工程错误，这座摩天大楼可能会面临灾难。

　　花旗集团中心与大多数建筑的结构都不一样。一般的大楼在四角处都有立柱支撑，而花旗集团中心的立柱位于每面墙中心的位置。因此，它的悬臂凌驾于附近的教堂之上。这就需要一种特殊的支架。所以，大楼的结构工程师威廉·勒梅萨里尔专门设计了一种支架。按照原本的设计，大楼可以直接抵御飓风的侵袭。

不幸的是，建筑公司没有测过如果风从 45 度倾斜的方向吹来，大楼能不能屹立不倒。因为，这时的飓风会同时直吹两面外墙。大楼建成后，这样的担心才引起勒梅萨里尔的注意。他做了一次风洞试验，认为"侧风"带来的负荷要远远大于预期。但是，按照计划，大楼已经加装了重要的安全设施，这个理论性问题也不会产生任何实质性影响。

直到有人向勒梅萨里尔提起，实际操作过程中，施工人员使用了成本节省方案。他们没有把特殊支架焊接到立柱上，而是用螺栓固定的。相比之下，焊接的支架不容易受到大风影响。而面对相同强度的飓风时，螺栓可能会断掉。而且，没人实际测试过螺栓能不能应对飓风级的侧风。从理论上说呢？答案是不能。

当年 6 月，勒梅萨里尔认定，能造成大楼结构性损坏的大风，曼哈顿每过 15 ~ 20 年会遇到一次。一栋位于曼哈顿中心的 59 层大楼，居然可能面临这样的破坏。至少可以说，这是一个非常严重的问题。再过几个月就是飓风季节了。当年秋天，有 5% ~ 10% 的概率会发生威胁大楼安全的暴风。因此，首先要解决的就是眼前的问题。但是，承认施工问题也不是件光彩事。此外，事情对外公开后，也有可能在居民和上班族中引起恐慌。所以勒梅萨里尔和万国宝通银行（也就是花旗集团）同意，在下班后进行修整工作，不会向外人透露。

修整工作进行了三个月。在螺栓连接的支架上，秘密施工队顺利地焊接了金属板。将近 20 年间，都没人发现这次修整工作。1995 年，《纽约客》杂志披露了这件事。有缺陷的大楼没有造成人员伤亡。

延伸阅读 _____

　　花旗集团中心的屋顶设计成倾斜的，一开始不是为了单纯的美观，而是为了放置太阳能电池板。但是，现在上面没有太阳能板。因为，屋顶的角度决定了太阳能板永远接收不到充足的阳光，用来产生大量的电能。

　　　　　　　　　　　　　　　　　　　　　　　　_____

创造奇迹：
修建世界上最高的大楼

1930 年元旦，世界上最高的建筑还是位于曼哈顿的 792 英尺高的伍尔沃斯大楼。随着建筑技术的进步，人们也希望建造比伍尔沃斯大楼还高的建筑。1928 年年末，两个施工队开始动工，看谁能完成计划。如果工程按计划完成，他们很容易打破纪录。修建工作进行着。

但随之而来的，还有一场心机大战。

原本计划中的克莱斯勒大厦不是现在的样子。承包商威廉·H. 雷诺兹想建一栋办公大楼，建筑师威廉·范·阿伦就给他出了几套方案。方案中，范·阿伦设计的大楼高达 807 英尺，高于伍尔沃斯大楼。但是，雷诺兹认为，这个方案成本太高，不太可行。他把方案卖给了克莱斯勒汽车公司的创办人沃尔特·克莱斯勒。克莱斯勒正想为公司修建一座总部大楼——在世界上所有摩天大楼中一枝独秀。想建一所大约 800 英尺高的大楼，听起来就是项大工程。但是，克莱斯勒和范·阿伦都追求极致。范·阿伦回到制图板前，把原设计提升到 925 英尺高。

几乎就在同时，另一位建筑师 H. 克雷格·塞弗伦斯，也在华尔街 40 号开始动工。这就是后来的曼哈顿信托银行大楼，今天常被称为华尔街 40 号。这座大楼一开始打算建成 840 英尺高。但是，克莱斯勒大楼建成后，将比他们的高出 85 英尺。得知后，塞弗伦斯带队修改了计划，额外增加了三层楼。1930 年 4 月，曼哈顿信托银行大楼建成开放时，高达 927 英尺，称为世界上最高的建筑。曼哈顿信托银行的施工队知道，一个月后才开放的克莱斯勒大楼是无法超越他们了。

但是，他们不知道事情的全部真相。克莱斯勒和范·阿伦在楼内，悄悄修建了一个 125 英尺的塔尖屋顶。项目外的人几乎都不知道。保密措施做得这么好，就是为了防止塞弗伦斯队伍调整方案。1929 年，克莱斯勒大楼加装塔尖时，受施工进度所限，曼哈顿信托银行已经没法再修改方案了。

1930 年 5 月 27 日，克莱斯勒大楼对外开放时，高度为 1048 英尺——它不仅超越了位于市区的竞争对手，一举成为"世界上最高的建筑"，还超越埃菲尔铁塔，成为当时地球上最高的人工结构。然而，塞弗伦斯对此表示反对。他认为，塔尖只属于装饰，他设计的大楼最高层比克莱斯勒大楼高 100 英尺。

直到今天，当提起世界上最高的建筑时，这一点还存在争议。不过，两者的细微差异很快就变得没什么意义了。1931 年 4 月 30 日，帝国大厦超越了两栋大楼——无论从什么衡量标准来看——地面到顶层的高度为 1224 英尺，到屋顶的高度为 1250 英尺，到塔尖的高度为 1454 英尺。

延伸阅读 _____

　　帝国大厦在高度上创造了新纪录。但是，它的建筑师也耍了心眼。至少从表面上来看，大厦楼顶本来要建成齐柏林飞艇的停靠场，让乘客可以欣赏华丽的曼哈顿市中心。根据《纽约时报》，飞艇停靠场不过是个借口。真实目的是让大楼高出 200 英尺，超越克莱斯勒大楼的纪录。帝国大厦上没有停靠过飞艇，因为，人们很快发现，在那么危险的地方活动不安全。

_____